Au
eis

Augenreise I

Dein Auge schaut in die Welt
und hat die Welt im Blick.

Augenreise I

Ein Lese · Seh · Buch für Kinder von sieben Jahren an

Geschrieben von
Wilfried Bütow und Barbara Schütze,
gestaltet von
Ruth und Lutz Tesmar.

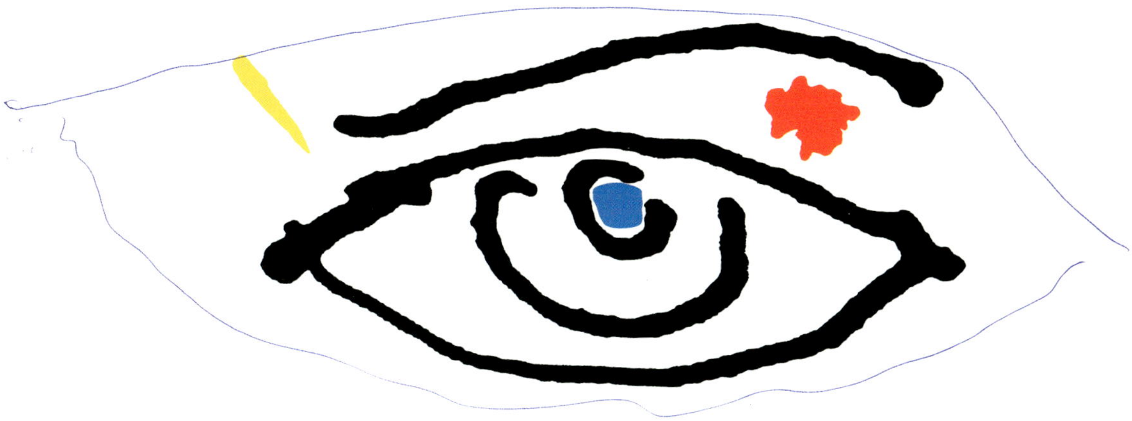

Volk und Wissen Verlag

Kleine Zeichen als Lesehilfe

Auf den meisten Buchseiten findest du kleine Zeichen.
Rechts oder links oben. Was bedeuten sie?

Wo Bilder und Worte erzählen,
wie man mit Farben zaubert und zaubern kann,
steht dieses Zeichen: 

Zu den Geschichten über Hell und Dunkel,
über Licht und Schatten
gehört dieses Piktogramm: 

Wenn vom Spiel mit Formen erzählt wird,
zum Beispiel mit Punkten und Klecksen,
mit Kreisen und Dreiecken
oder mit Wolken, dann
findet sich immer auch dieses Zeichen: 

Ein anderes Zeichen kündet an,
wo etwas über Räume gesagt wird.
Über das, was drinnen und draußen ist.
Über das, woraus ein Körper besteht.
Für Räume, Körper und Material gibt es dieses Signal: 

In dem Buch stehen auch Geschichten,
die erzählen, wie sich die Dinge verändern:
»Alles bewegt sich«.
Das zeigt dieses Piktogramm: 

Und wenn besonderer Wert darauf gelegt wird,
wie die Dinge geordnet sind oder auch nicht,
ist dieses Zeichen zu sehen: 

Sollten auf einer Seite mehrere Piktogramme stehen,
dann weißt du sofort Bescheid:
Hier ist Verschiedenes zusammen - so wie im Leben auch.

Außerdem findest du noch diese drei Zeichen:   
Sie stehen dort, wo es in den ›Reiseblättern‹
dazu Aufgaben oder Hinweise gibt:

 zum Malen, Zeichnen, Klecksen, Kleben,

 zum Spielen und Verwandeln,

 zum Sprachbasteln und Erzählen.

Was in diesem Lese · Seh · Buch drin ist

Wie Puh Felsenland verlässt und einen Traum hat

Der kleine Drache Puh
saß auf seinem Lieblingsfelsen.

Man musste schon dreimal hinschauen,
um ihn zu erkennen.
Puh liebte diesen kleinen grauen Felsen.

Und er mochte auch das nahe Felsengebirge.
Mit den dunklen Schluchten
zum Verstecken.

Nur zu gern hätte Puh gewusst,
wie das Land hinter dem Meer aussah.

Dort sollte es Spielwälder geben-
so frischgrün, als hätte jemand
die Blätter einzeln gewaschen.

Die Wiesen dort
waren nicht graubraun.

Und von einem Farbdrachen erzählte man,
der unaufhörlich Farben spielte.

Puhs Haut war meistens grau.
Wenn er lange auf der Erde geruht hatte,
wurde sie graubraun.

Ein Farbdrachen möchte ich sein,
dachte Puh.

Er erhob sich von seinem Lieblingsfelsen
und flog über das Meer
der Sonne zu.

Er flog lange, bis er Land unter sich sah.
Puh spürte die Sonne auf seiner Drachenhaut.

Er wusste nicht, was ihm mehr Freude machte.
Die Wärme der Sonne oder
das Leuchten der Wiesen unter ihm.

Er ließ sich auf einer Wiese nieder
und ruhte aus.

Die Wiese hier riecht anders, dachte er,
und sie klingt auch anders.

Und er träumte, wie seine Haut Farben spielte:
mohnrot, löwenzahngelb und himmelblau.

Farbenspiele

Auf seinem Flug durch Himmelblau waren Puh fliegende Farben begegnet - bunt wie Regenbogen.

Auf seinem Flug durch Dunkelblau erschrak Puh,
als plötzlich um ihn Farben zischten, krachten und platzten.

Wie Klexer, Tupf und Strichel Farben zaubern

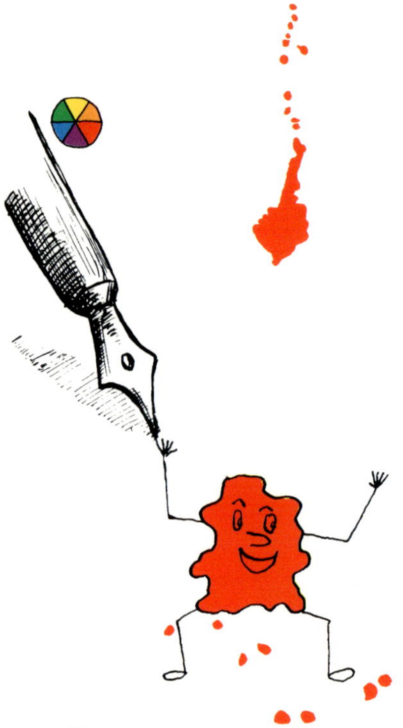

Das ist Klexer.

›Rot wie Mohn‹, sagen die Leute.
›Ja, rot wie Teufelsfunken‹, sagt Klexer.
Manchmal sagen die Leute auch einfach: ›der Starke‹.

Und das ist Tupf.

›Wie die blaue Blume‹, sagen die Leute.
Manchmal sagen sie auch: ›der Träumer‹.

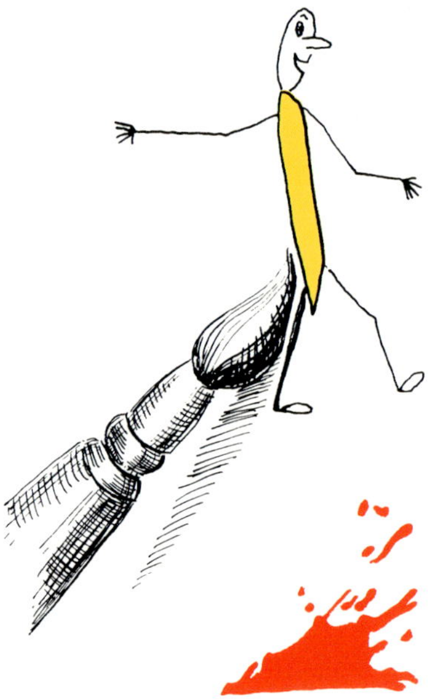

Der Dritte im Bunde ist Strichel.

›Wie die Sonne‹, sagen die Leute.
Manchmal sagen sie auch: ›der Strahlende‹.
›Gelb wie der Löwenzahn‹, sagt Strichel.

›Löwenzahn.

Da sehe ich

den mächtigen Löwen

in der weiten Wüste

unter der heißen Sonne.‹

Es dämmerte schon, als Tupf und Strichel
etwas Rotes vor sich sahen …

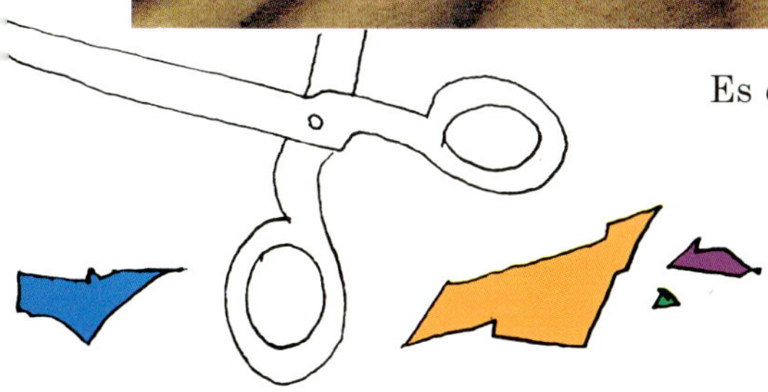

spielten Indianer.

›Ich bin Rot ‹, sagte Klexer,
›die bärenstarke Rotfeder.
Und du bist Blaufeder.‹

›Ich bin Blauer Mond‹, sagte Tupf.

›Und ich ...? Ich bin Gelbfeder‹, sagte Strichel.
›Ganz einfach Gelbfeder.‹

›Wir sollten Blutsbrüder werden‹,
meinte Klexer.

›Jeder gibt ein paar Tropfen von seiner Farbe‹,
sagte Strichel.

›Ich von meinem Gelb, Tupf von seinem Blau
und Klexer von seinem Rot.‹

Strichel ritzte
und auch Tupf ritzte.

Die bärenstarke Rotfeder sah misstrauisch zu.

Als sich die Tropfen vermengten,
schauten sie sich verwundert an.
›Wo ist dein Gelb?
Mein Blau ist stärker.‹

›Jetzt ist es auch verschwunden.‹

Dafür ein Grün … so ähnlich wie …

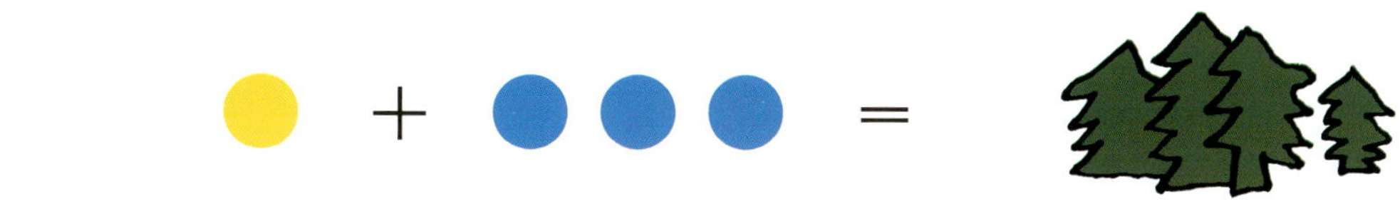 grün

 grün

 grün.

›Ein bisschen Rot hab ich auch gesehen‹,
flüsterte Klexer.
›Mein Rot brauchen wir gar nicht mehr.‹

›Das würde dir so passen‹, rief Tupf.
›Dein Rot darf nicht fehlen.‹

›Jetzt zaubern wir weiter‹, sagte Strichel,
›auch mit deinem Rot.
Ich bin der Medizinmann.‹

Und sie zauberten Farbtöne …

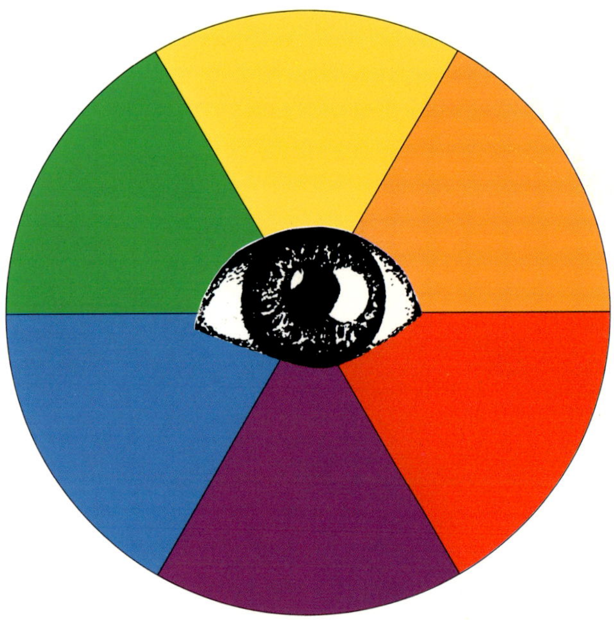

Hier sind diese Farben in einem Kreis.

Ein schönes schmutziges Gelb

›Das ist aber ein schmutziges Gelb!‹,
sagte Klexer zu Strichel.

›Was?‹, sagte da eine Stimme empört.
›Ein schönes Braun ist das.‹

Es war der kleine Drache Puh,
und er war ganz aufgeregt.
›So braun wie die Erde bei uns
im Felsenland.‹

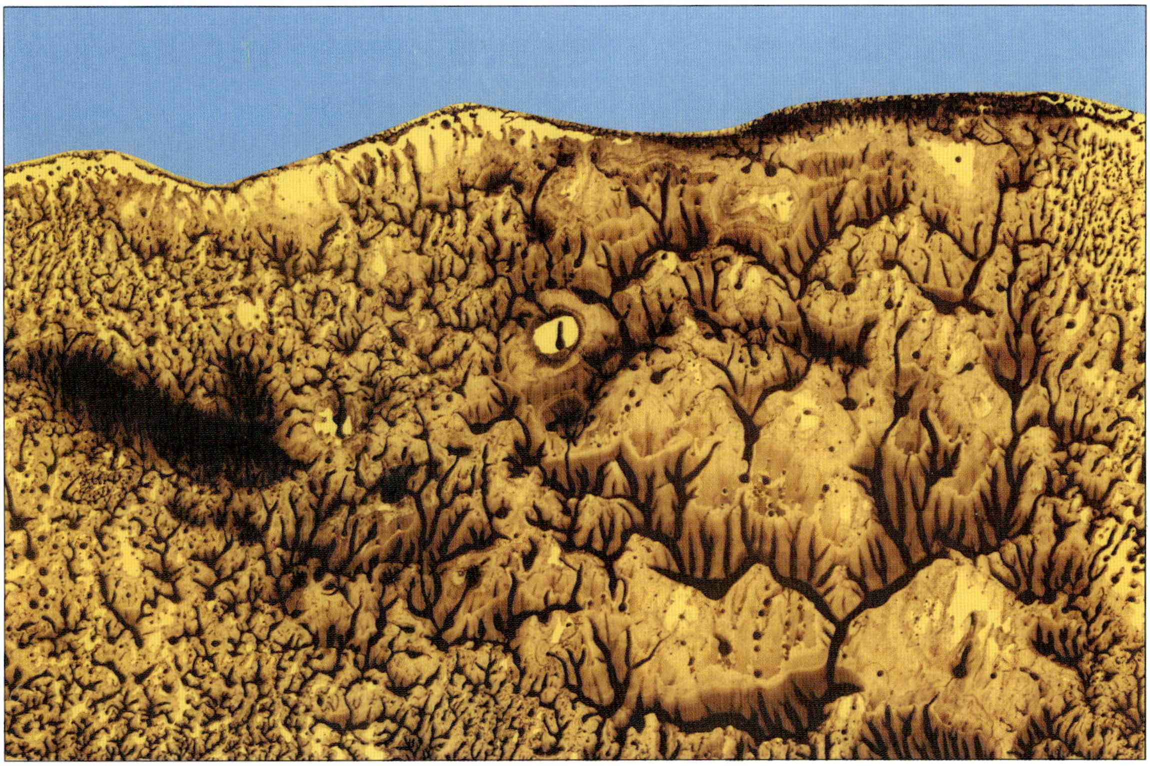

Ob Puh in diesem Bild seine Felsenlandfarbe wiederfindet?

›Von so weit kommst du?
Und so golden ist die Erde dort,
überall so goldbraun?‹,
fragte Strichel.

›Ja, so goldbraun‹, strahlte Puh,
›und wunderschön dunkel‹.

›Wie denn nun‹, knurrte Klexer,
›hell oder dunkel?‹
Der kleine Drache dachte nach.

Sieben Drachenherzschläge.

Am Tage schlafen die Felsengeister.

Im Mondlicht zeigen sie sich und erzählen ihre Geschichten.

Hell und dunkel

Was sich nicht alles spiegelt?
Der Junge im Reisfeld. Sein Hut.
Sein Wasserbüffel. Der kleine Büffel
weit hinten. Und der große Himmel weit oben.

Was sich nicht alles spiegelt?
Die Kräne im Meer.
Das Helle im Dunklen,
und das Dunkle im Hellen.

Wie Puh sich vor seinem Schatten fürchtet

›Ein richtiges Wetter zum Fliegen‹,
dachte Puh.

Unter ihm der See glänzte silberhell.
Puh sah den Himmel
oben
und sah ihn unter sich
im Spiegel des Wassers.
Zwischen den Wolken glitzerten Fische
und manchmal schwebten sie mitten hindurch.

Der Fluss im Schatten der Berge
war ein schwarzes Band.

Wo die Wälder aufhörten,
glänzte er wie der See.

Puh folgte dem Fluss.

Über dem Wasser glitt etwas Dunkles.

Lautlos,
riesig,
bedrohlich.

Puh bog erschrocken nach rechts.

Das Ungetüm folgte.
Es wurde dunkler
und dunkler,
je näher Puh der Erde kam.

Puh schloss die Augen.
›Es ist aus mit mir‹, dachte er.
Landete auf einem Feld.

Wartete.

Wagte schließlich einen Blick.
Der Spuk war verschwunden.

Schattenspiele

Manchmal zeigt ein Schatten genau,
wer dahinter steckt ...

... und manchmal zeigt ein Schatten ...

Manchmal machen Schatten Muster …

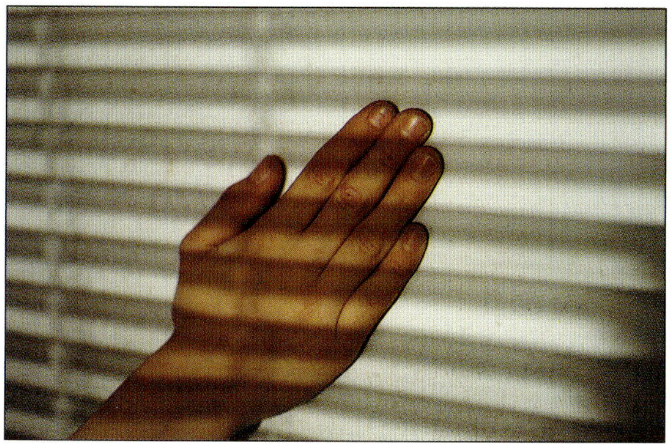

… und mit den Mustern kann man spielen.

SCHATTENGESCHICHTEN

Wie Klexer mit einem Schatten kämpft

Klexer sah, wie sich Schatten verändern.

Über Puhs Schatten lachte er.
›Hallo, Fledermaus.‹

Puh ärgerte sich:
›Und wo ist dein Schatten?
Vielleicht dieser dünne Strich
mit den zwei Zipfelohren?‹

Klexer polterte los:
›Deinen Krümelschatten
werde ich jetzt einfach wegnehmen,
mit Wasser wegspülen,
mit einem Lappen zudecken.‹

Strichel lachte: ›Unser Puh steht fest auf seinem Schatten.‹

Wie Puh Schatten erklärt

Der kleine Drache auf seinem Baum
schüttelte den Kopf.
Der Schatten des Baumes bewegte sich hin und her.

›Das macht der Wind‹, dachte Puh.
›Der Wind macht die Schatten.‹

Plötzlich war der Schatten fort.
Aber der Wind blies immer noch.

Eine halbe Schattengeschichte

Tupf erzählte vom weißen Kamel,
das sich in der Wüste verstecken wollte.
Es suchte den Schatten der Sonne …

Was beim Streit mit **Schwarz** und Weiß herauskam

›Aufpassen!‹, schrie plötzlich Klexer.
›Da kommen Schwarz und Weiß.
Jetzt geht es wieder los.‹

›Worauf die sich eigentlich etwas einbilden‹,
sagte Tupf.

›Wie die schon aussehen‹, spottete Strichel.

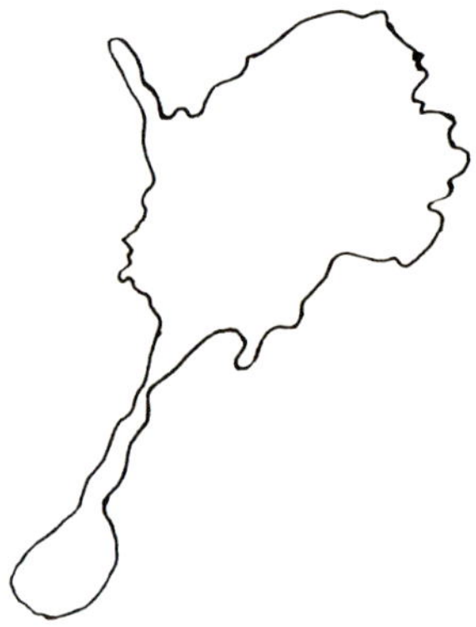

›Ohne uns seid ihr nichts‹,
riefen Schwarz und Weiß im Chor.

›Ihr, ihr … seid ja keine Farben!‹,
rief Klexer empört und
färbte sich vor Zorn dunkelrot.

›Besonders Schwarz ist keine Farbe‹,
spottete Tupf. ›Schwarz ist nichts.
Nicht mehr als ein dunkles Loch.‹

Vor dem Dunkel beginnen die Lampions zu leuchten.

Dieses Bild malte die siebenjährige Sandra.

›Übrigens‹, sagte Schwarz,
›was ihr zusammen da zaubert,
das können wir auch. Passt mal auf!
Wir zaubern jetzt ein Grau
in allen Tönen:

Grau
wie eine Feldmaus,

wie der Frederick,

wie der MORGENNEBEL.

Hier ein Dunkelgrau wie SCHIEFERTAFELN,
wie der Himmel vor dem Gewitter.‹

›Der ist aber mehr blaugrau‹,
entrüstete sich Tupf. ›Ohne mich
gibt es keinen richtigen Gewitterhimmel.‹

Wann könnte diese Landschaft gemalt worden sein?

Giorgione, Das Gewitter (um 1506 - 1508)

Wie in Klexers Kopf Teufelsgedanken kreisen

Zu gern wollte Klexer dem neunmalklugen Tupf einen Streich spielen.

Ich werde ihn violett färben, dachte er.
Violett mochte Tupf ganz und gar nicht.

›Möchtest du dich in Himmelblau sehen?‹, fragte er scheinheilig. Tupf nickte.

Ich werde uns mit Rot anstrahlen,
dachte Klexer.
Mein Rot leuchtet dann noch schöner
und Tupfs Blau wird dann …

Klexer sah in den Spiegel und erschrak.

Der Ärger ließ ihn grün und blau werden,
zuerst ein mächtiges Grün

und dann ein noch mächtigeres Blau.

Da schaltete Tupf rasch das rote Licht aus
und Klexer sah sich im Spiegel.
Eine noch schönere Bescherung!

Der mohnrote Klexer war alles andere als rot,
er war auch nicht pink.
Der mohnrote Klexer war ...

Da ärgerte er sich schwarz.

Ein Punkt wandert

Mitten in der Nacht
wanderte ein Punkt um einen See.
In der Mitte des Sees lag eine Insel.
Und mitten über der Insel
schwebte ein Glühwürmchen.

Der Punkt wanderte
und wanderte …
Immer konnte er das Glühwürmchen sehen.
Das Glühwürmchen wurde nicht kleiner
und nicht größer.

Wie eine Laterne
leuchtete es
mitten über dem See.

Am frühen Morgen kam der Punkt wieder dort an,
von wo er fortgegangen war.
Er hatte den See umwandert.

Er war im Kreis gegangen.

Blauer Punkt und grüne Kreise

›Au Backe! Wer sind denn die?‹

›Den Dicken werde ich mir mal ansehen.‹

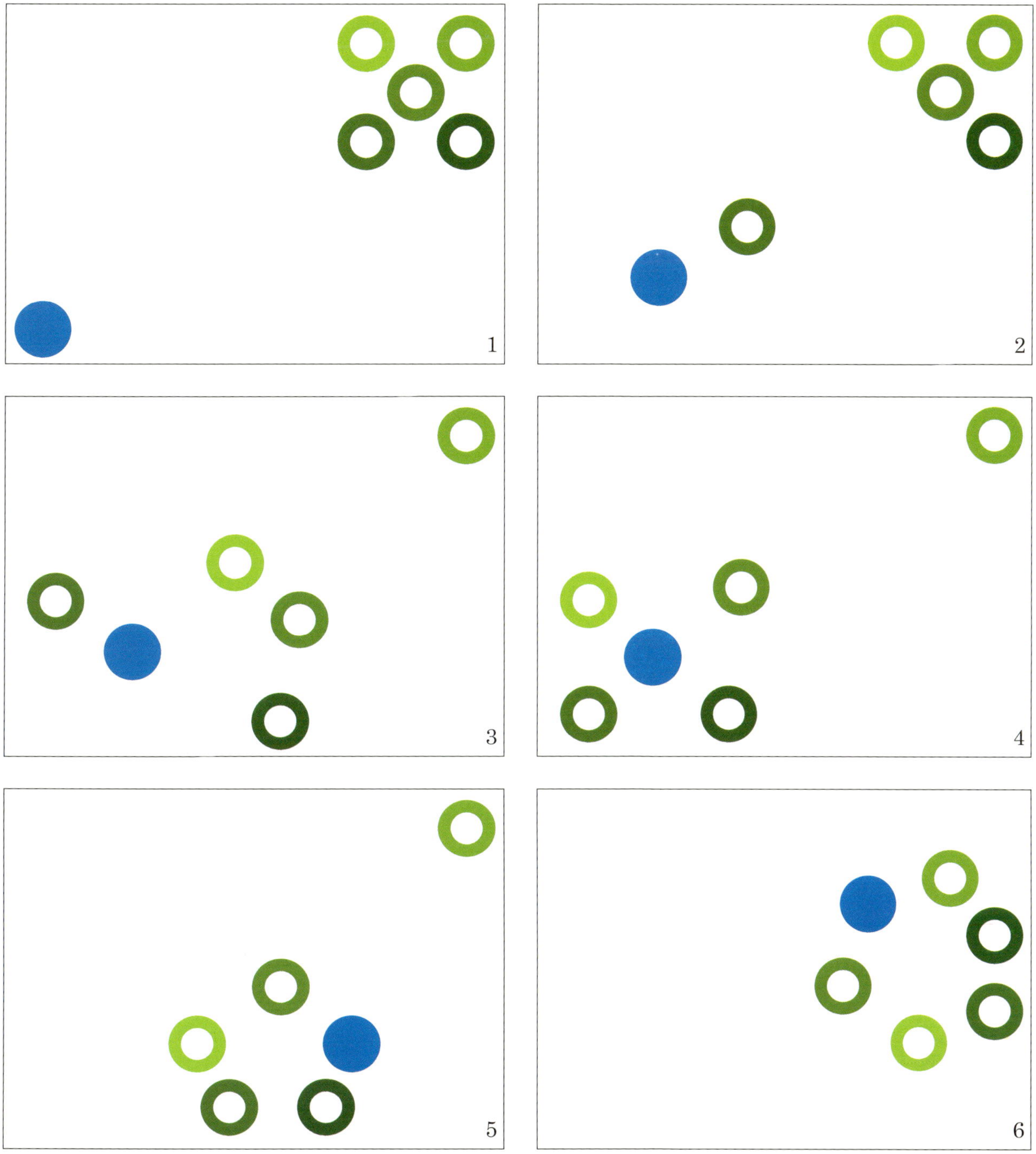

I-Tüpfelchen und Schluss-Klecks

›Überall Punkte‹, stöhnte Klexer.
›Viel zu wenig Kleckse und viel zu viel Punkte.

Punkte am Himmel

in der Luft

auf der Nase

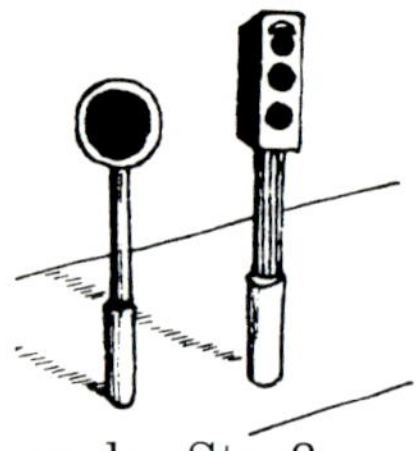

an der Straße

Viel zu viel Punkte!
Ab heute sagen wir für Punkt ganz einfach Klecks.
Klecksum!
Wir sagen: Von diesem Klecks gehen wir los
und an diesem Klecks treffen wir uns.‹

›Was soll der ganze Unsinn‹, sagte Tupf.
›Kein Mensch sagt:
Das war der Schluss-Klecks.
Es gibt einen I-Punkt und auch ein I-Tüpfelchen,
aber einen I-Klecks gibt es nicht.
Und was soll ein Würfelspiel mit Klecksen.
Wie hört sich das an:
Er hat sechs Kleckse zu wenig.‹

›Aber wie schön klingt, wenn alle sagen:
In diesem Klecks hat Klexer Recht.‹

Klexers Werke I

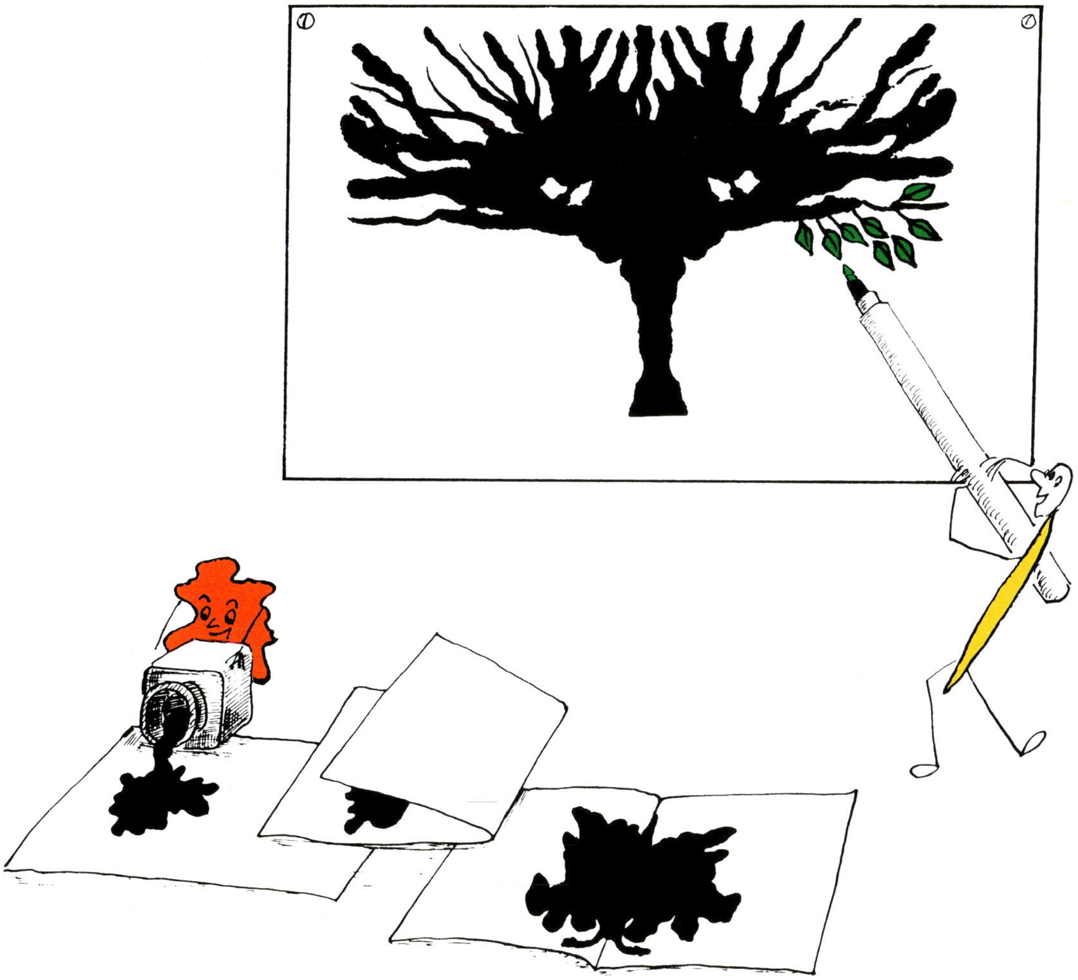

Wie Klexer, Tupf und Strichel Wolkenkino machen

Klexer, Tupf und Strichel ruhten auf dem Li-La-Berg und träumten mit den Wolken.

Tupf: Ich sehe ein Kamel. Es bewegt sich ganz langsam.

Klexer: Dort schleicht ein Leopard. Gefährlich,
wie er sich streckt.

Strichel: Er soll meine Schäfchen in Ruhe lassen.
Sie ruhen sich aus und
denken an nichts Böses.

Tupf: Mein Wolkenkamel hat jetzt Flügel bekommen.

Der kleine Drache kam näher.

Puh: Ein weißes Kamel?
Gibt es das wirklich?
Ein weißes Kamel?

Strichel lächelte geheimnisvoll:
›Kennst du nicht die Geschichte vom weißen Kamel,
das sich in der Wüste verstecken wollte?‹

›Ich sehe einen riesigen weißen Drachen‹,
schrie Klexer.

›Ich sehe auch einen Drachen‹,
sagte da Tupf ganz ruhig.

›Einen kleinen niedlichen Drachen.
Hier auf dem Li-La-Berg.‹

›Meinst du mich?‹, fragte Puh
und wurde vor Freude am Bauch ganz schön rot.

Da schrie Klexer wieder los:
›Seht ihr meinen weißen Drachen …
jetzt sieht er aus wie eine Riesenschlange …
jetzt schwimmt sie auf die Schäfchen zu …‹

›Auf die Schäfchen?‹, rief Puh und flog plötzlich himmelwärts.

Reihen und Kreise

Der Kreis gehört zu den ältesten Bildzeichen
in der ganzen Welt.
Indianer nahmen ihn als Zeichen für die Erde,
auf der überall Menschen zu Hause sind.

Kreiseleien,  el  en

›Was rund ist, dreht sich gut‹,
sagte der kleine Drache.
Er ließ einen Summkreisel tanzen.

›Mit Tupf geht das auch‹, kicherte Klexer.

›Ich bin doch kein Kreisel,
der sich schwindlig dreht.‹

›Und auch keine Tänzerin‹, stichelte
Klexer. ›Tupf dreht sich wie ein alter Mühlstein.‹

›Was sich dreht, macht Kreise‹, sagte Strichel.

›Oder Kringel.‹

›Was rund ist, darf auch eiern‹, spottete Klexer.

›Und was kugelrund ist, rollt gerade‹, sagte Strichel
und gab dem Ball einen Stoß.

›Unsern Tupf kann man auch gut rollen‹,
kicherte wieder Klexer los.

Tupf ärgerte sich.
›Ich bin doch kein aufgeblasener Punkt.‹

›Aufgeblasen ist er wirklich nicht‹,
sagte der kleine Drache zu Klexer.

Klexer langweilte sich.
Er rätselte mit Kreisen.

Was ist das?

Roter Kreis
auf weißem Rechteck?

Kreise,
die in Kreisen liegen?

Fünf bunte Kreise,
die ein Ganzes sind?

Hier ist Klexers Bilderrätsel 1:

Wie Klexer und Strichel über das Gehen nachdenken

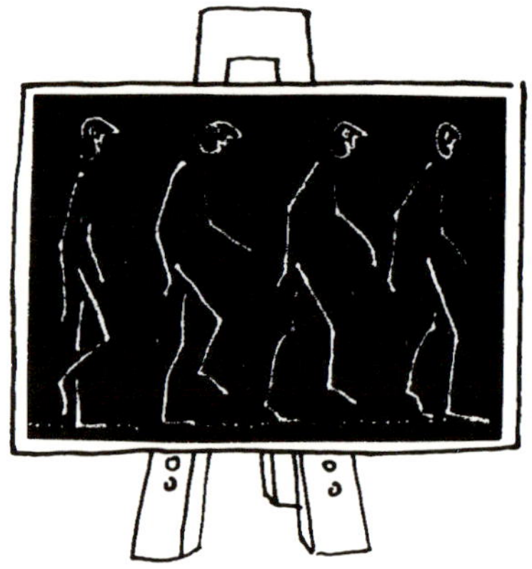

Was mein rechter Fuß tut,
macht mein linker etwas später nach.

Zuerst hebt er sich und steigt.

Dann senkt er sich,
und ich falle in den Fuß hinein.

Klexer: Und das wiederholt sich.
Nur macht es bei mir der rechte dem linken nach.

Strichel: Du hast ja auch links begonnen.

Klexer: Tapp, tapp. Wie eine Uhr.

Strichel: Oder wie eine Schaukel.
Gehen ist wie vorwärts schaukeln.

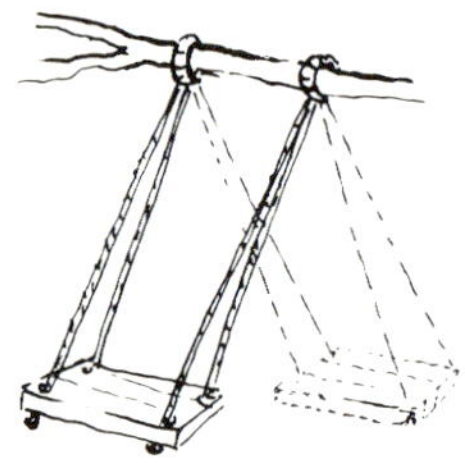

Klexer: Mal schaukele ich langsam,
mal schaukele ich schnell.

Strichel: Du kannst bummeln oder flitzen.

Klexer: Ich kann ruhig oder aufgeregt gehen.

Strichel: Schlendern oder hasten.

Klexer: Ich kann ängstlich
oder sicher gehen.

Strichel: Schleichen oder schreiten.

Tupf erscheint

Tupf: Wie geht es dir, Klexer?
Klexer: Es geht.
Tupf: Und dir, Strichel?
Strichel: Mir geht es gut.
Tupf: Und wie geht es Puh?
Strichel: Gut geht es.
Klexer: Er geht wirklich gut.

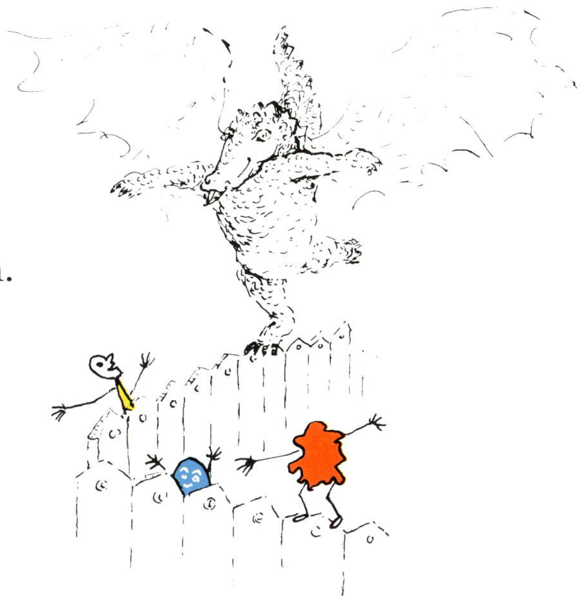

Gehen - stehen - schaukeln. Diese Verrücktheit
fiel dem spanischen Maler Goya ein. - Ob es gut geht?

Zwei fast gleiche Seiten

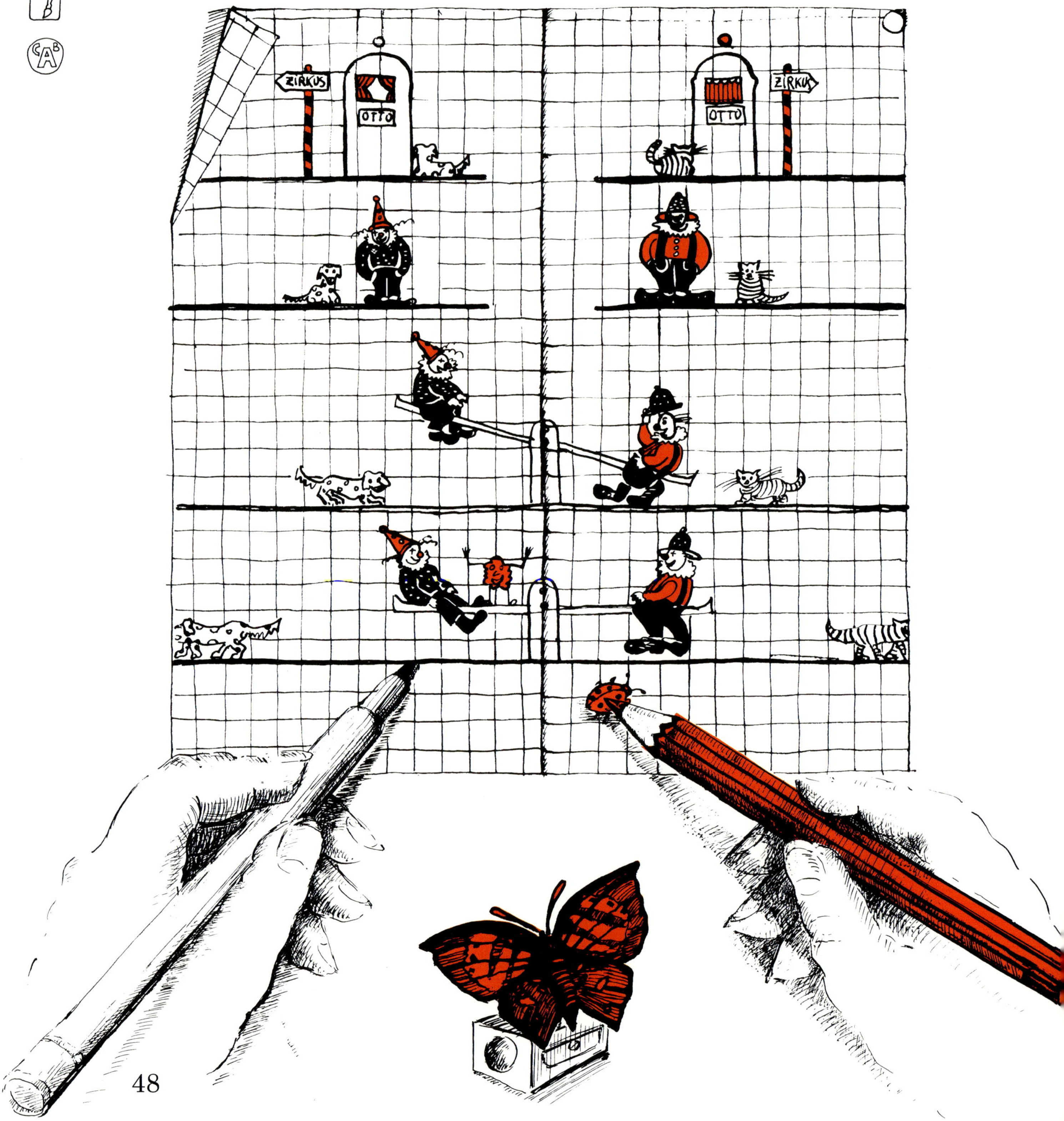

Wie ⦶, △ und □ Schaukeln bauen

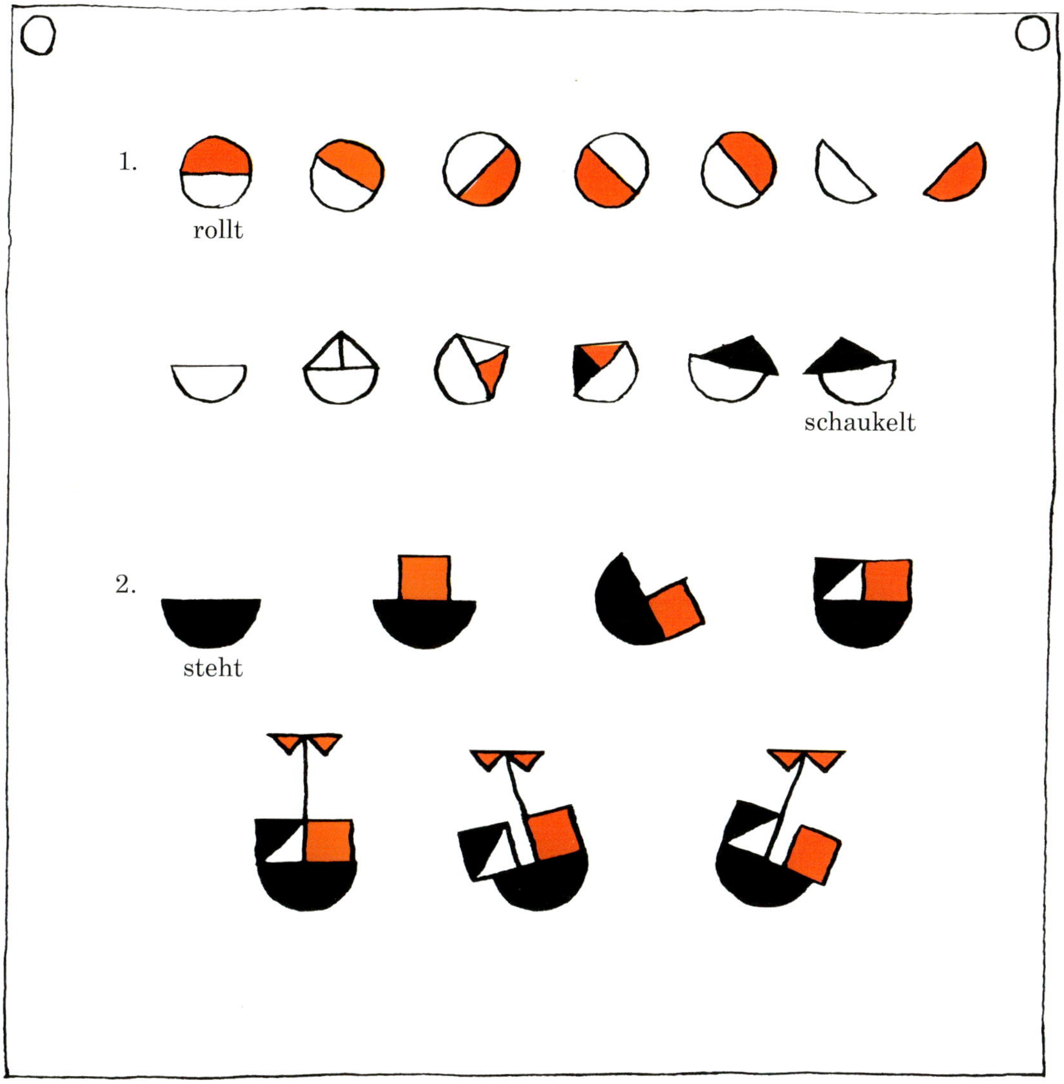

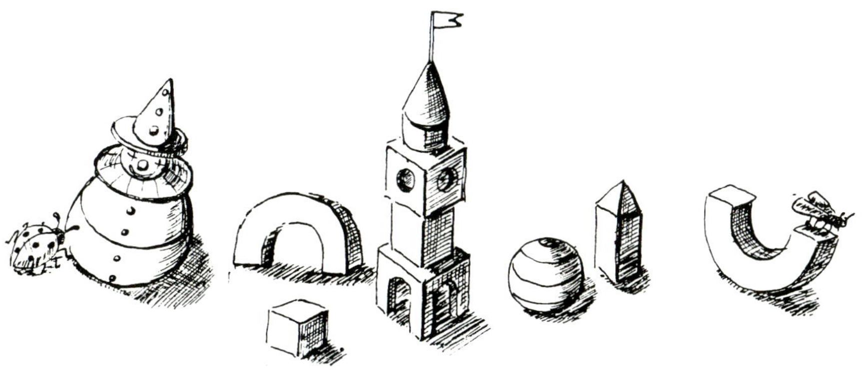

Hin und her und rauf und runter

Puh flog auf den See zu.

Dort am Rande der Stadt
begann heute das große Sommerfest.
Auch Klexer, Tupf und Strichel waren dorthin unterwegs.
Von überall strömten die Menschen.
Kinder mit ihren Eltern. Eltern mit ihren Kindern.

Puh:	Wohin gehen wir zuerst?
Strichel:	Ich werde zuerst schwimmen und dann laufen.
Klexer:	Ich will reiten. Und dann noch rudern. Aber nur als Steuermann.
Tupf:	Ich möchte zuschauen, wenn Strichel ganz vorn schwimmt.

Später fuhren Tupf und Strichel Riesenrad.

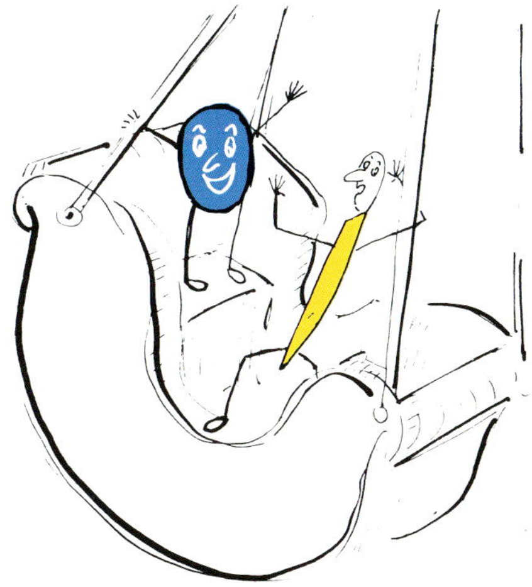

›Ein Riesenspaßrad! Ein Riesenradspaß!‹

Wenn es abwärts ging,
kribbelte es Strichel jedesmal im Bauch.
So, als ob Ameisen zusammenliefen.

Klexer wagte sich auf die Achterbahn.

Als es langsam bergauf und dann bergab ging, schrie er vor Vergnügen:

›Juhu, jupuh!‹

Dann drehte sich alles schneller und schneller. Ihm wurde schwindlig. Was bisher unten war, fühlte er oben. Er glaubte kopfüber durch die Luft zu fliegen. Als Klexer endlich wieder auf festem Boden stand, war er rosablass.

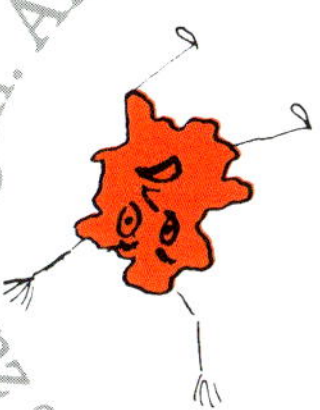

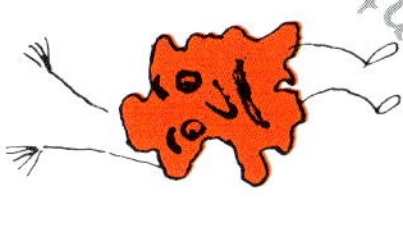

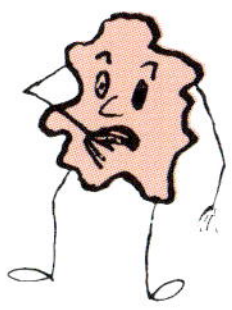

›Ganz schön mutig‹, sagte Strichel.
Klexer bekam ein großes Tupfeis mit drei Kugeln.

Erst am späten Abend verließen sie das Sommerfest.

Mit ●, ▲ und ■ verrückte Sachen machen

Strichel: Was machst du denn da? 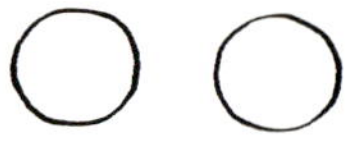

Klexer: Gesichtskreise.
Meinen Kreisen gebe ich jetzt ein Gesicht.

Das ist der traurige Kreis.

Das ist der lachende Kreis.

Strichel: Ich zeichne auch einen Kreis.
Für mich ist das ein Mond, der nachdenkt.

Tupf: Ich zeichne einen Mond, 
der sich geärgert hat.

Klexer: Mein lustiges Gesicht ist kein Mond. 
Es gehört zu einem Clown.

Tupf: Ich mache aus ▲ eine schöne 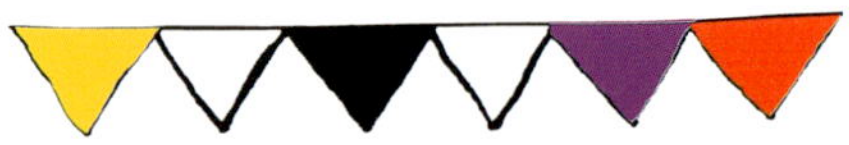

Klexer: Und ich eine Girlande mit viel Eis für meinen Clown:

mit 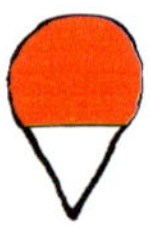 Kirscheis,  Zitroneneis und 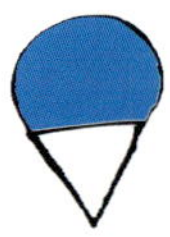 Tupfeis.

Strichel: Und ich baue erst einmal deinen Clown fertig.

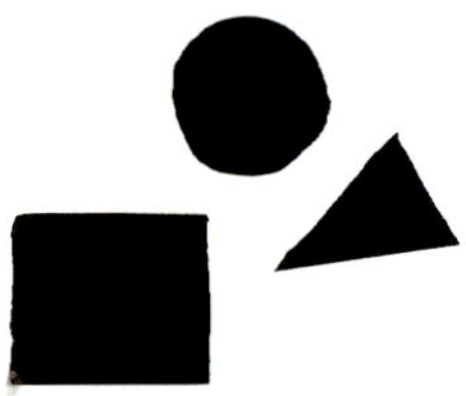

Diesen Jungen im Kostüm eines Clowns malte Pablo Picasso.
Es ist sein Sohn Paolo. Er nannte das Bild ›Paolo als Harlekin‹.

Tupf: Ich baue aus ● ● und ■ einen Wagen.

Clown: Einen lustigen Wagen, bitte!
Mit vielen bunten Tupfen, bitte!

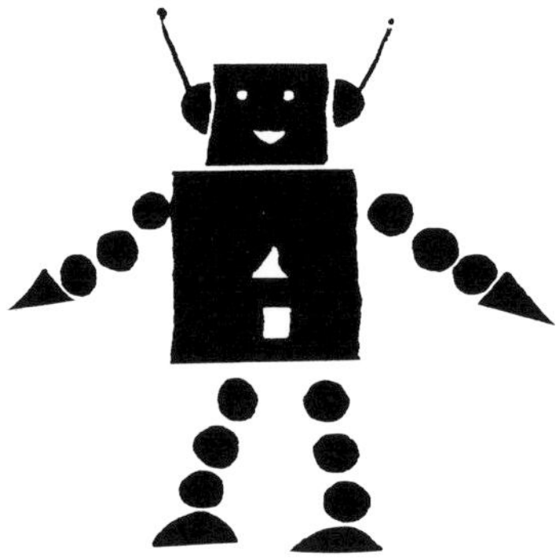

Klexer: Und ich baue einen Roboter.

Clown: Einen lustigen Roboter, bitte!
Mit bunten Tupfen, bitte.

Strichel: Wozu braucht ihr einen Roboter?

Klexer: Mein lustiger Roboter zieht den Wagen.
Und ich und du und Tupf, wir fahren …

Strichel: Aber bitte nicht über die Zackenstraße.

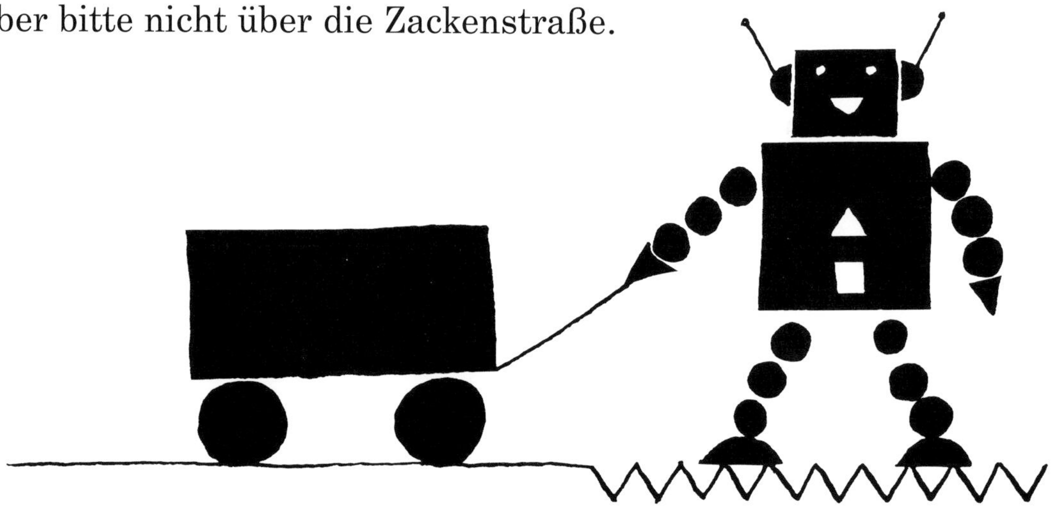

Clown: Da helfen nur Zacken.

Strichel: So kommt ihr nie über den Zackenberg.

Tupf: Doch. Mit anderen Rädern.

Mit Zackenrädern kommt man über den Zackenberg.

›Wir fahren durch die ganze Welt‹, krähte Klexer.
›Und Puh zeigt uns den Weg.‹

Der Clown blieb allein zurück.

Die Bremer Stadtmusikanten und Klexers Einfall

Wieder einmal
las Strichel sein Lieblingsmärchen.
An einer Stelle hielt er auch diesmal an
und las sie laut vor.

›Der Esel musste sich
mit den Vorderfüßen
auf das Fenster stellen,

der Hund
auf des Esels Rücken springen,

die Katze
auf den Hund klettern

und endlich flog der Hahn hinauf
und setzte sich
der Katze auf den Kopf.‹

Strichel betrachtete lange
das Bild in dem alten Buch
und freute sich:
›Sehr schöne Striche.‹

Tupf zeigte in seinem Märchenbuch
ein ähnliches Bild. ›Verrückte Farben‹, sagte er.
›Ein Glück, dass ich kein Räuber bin.‹

›Gestrichelt oder getupft.
Ich möchte lieber Figuren zum Anfassen‹,
sagte der kleine Drache.

›Ich möchte die vier von allen Seiten
anschauen.
Natürlich auch von oben und
sogar von unten.
Aber vor allem möchte ich sie anfassen.‹

Diese Tiergruppe schuf Gerhard Marcks.
Sie steht in Bremen auf dem Marktplatz.

Klexer war unzufrieden:
›Ich möchte lieber, dass wir vier die Bremer Stadtmusikanten spielen.
Puh spielt den Esel.
Dann kommen Tupf und Strichel, und ganz oben bin ich und krähe.‹
›Ich bin doch nicht aus Eisen‹, sagte Strichel.
›Strichel muss nach oben‹, sagt Puh zu Klexer, ›auch wenn du besser krähen kannst.
Sonst gibt es keine Pyramide.‹

So geschah es.

Zuerst Puh,

auf Puhs Rücken Klexer,

dann Tupf und schließlich

Strichel als Hahn.

Mit Haut und Ohren sehen

›Ich sehe was, was du nicht siehst‹, lachte Klexer
und legte dem Drachen einen Eiswürfel auf den Rücken.

›Ich fühle das, was ihr nur seht‹,
sagte ganz ruhig Puh.
›Es ist kalt und nass und schmilzt
wie … Eis auf der Haut.‹

Tupf zeigte auf ein Stück Glas neben anderen Dingen.

›Dein Eis und diese Glasscherbe
sind beide durchsichtig. Die Scherbe
ist aber auch so spitz wie dieser Nagel.‹

›Was etwas gemeinsam hat,
lege ich jetzt aneinander‹, sagte Strichel.
›Nagel und Streichholz.‹

›Streichholz und Strichel‹, kicherte Klexer.
›Streichholz und Rinde‹, fuhr Strichel fort.
›Eine ganze Schlange kann so entstehen.

Eine Eis-Glas-Nagel-Streichholz-Rinde-Fell-Watte-Schlange.‹

›Und zu einer Schlange passt eine Schnecke.‹

Der übermütige Klexer setzte
eine Schnecke auf Puhs Rücken.
›Das kitzelt aber glitschig!‹, brrrrrte Puh.

Brrrrrrr Strichel horchte: ›Klingt wie ein Motor.‹

Dann nahm er einen Stift und ließ ihn über den Tisch laufen:

›Ihr hört jetzt was, was ihr nicht seht.‹
›Das ist ein Specht‹, rief Klexer.
›Ein wütender Holzwurm‹, sagte Tupf.
›Das ist Herr Strichel, der an die Tür klopft‹,
meinte Puh.

›Und jetzt? Was hört ihr?‹

Klexer erzählte gleich eine ganze Geschichte:
›Ich höre das Meer rauschen.
Die Wellen rollen auf die Sandburg zu,
fließen durch den Graben.

Das Sandburgfräulein schreit um Hilfe,
und der mutige Klexer schwimmt herbei
durch die turmhohen Wellen.‹

Strichel blies über einen Flaschenhals.
Einmal lang, dreimal kurz.

›Ich sehe einen Zug‹, sagte Tupf und
schlug Kokosschalen aneinander.

›Hört ihr?‹, rief Strichel.
›Indianer reiten auf den Zug zu.
Ganz vorn Gelbfeder.‹

Klexer knallte ein Stück Leder auf den Tisch:
›Peng! Peng! Lasst die mutige Rotfeder frei!‹

Strichel trommelte mit seinem Stift Zeichen.
Das Klopfen war zu sehen.

›Könnten auch Regentropfen sein‹, meinte Tupf.

›Und dieser fette Punkt ist ein Paukenschlag‹,
lärmte Klexer.

Strichel machte dünne und dicke Linien:
›Was hört ihr jetzt?‹

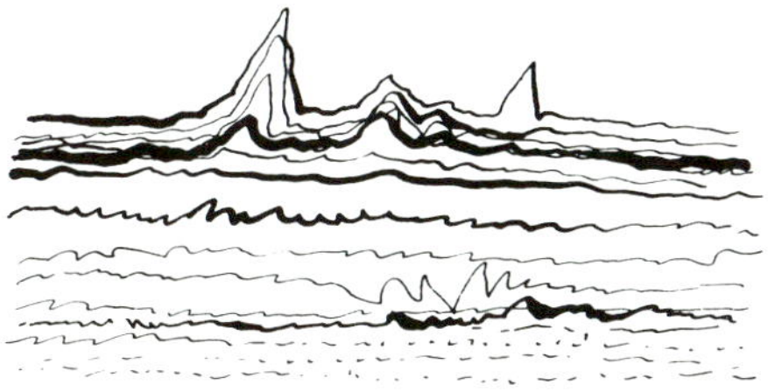

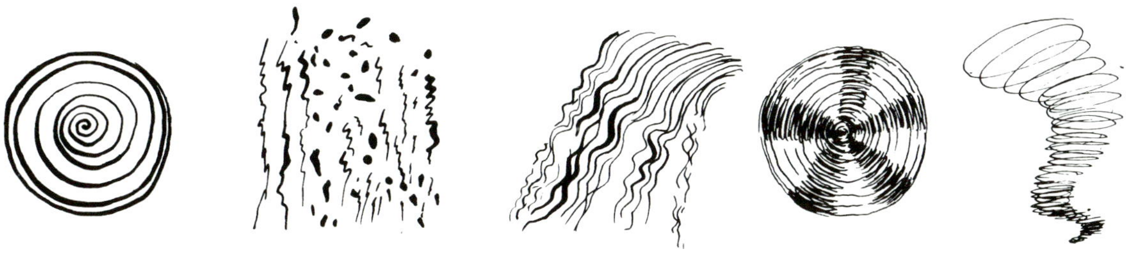

›Und jetzt?‹

Diesen Schlagzeuger malte der neunjährige Reinhard.

Was Puh drinnen und draußen erlebt

Puh flog wieder den Fluss entlang
zur Stadt am Rande der Wälder.
Von oben sah der Marktplatz
mit dem Reiterdenkmal
wie Spielzeug aus.

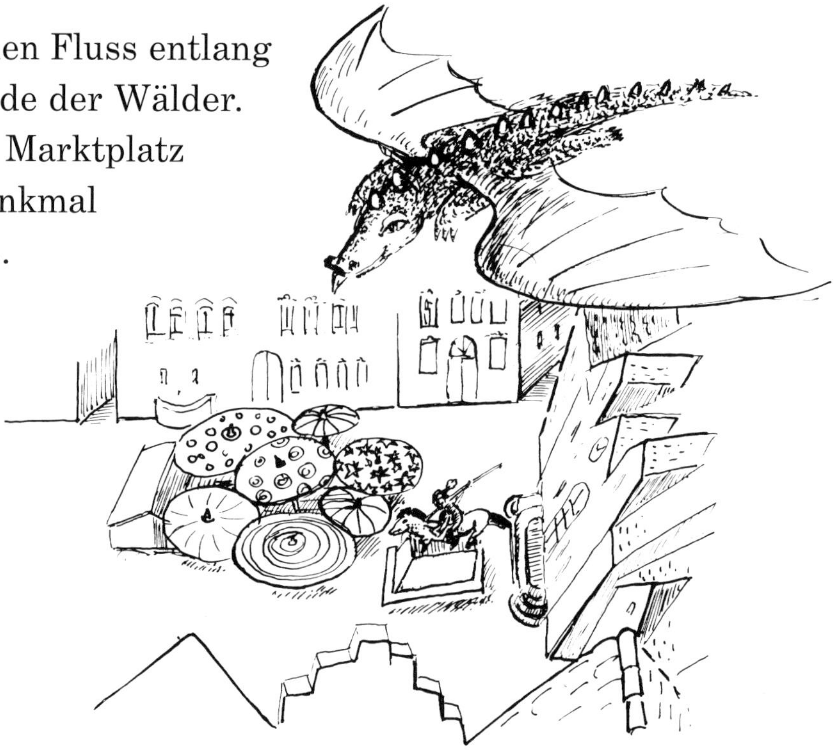

Als Puh mitten auf dem Markt landete,
sah er vom Reiter nur noch den Helm.
Aber er sah Strichel am Fenster.

Wo war das Geheimnis,
von dem Strichel gesprochen hatte?

Strichel sah Puh,
und er sah das Reiterbild vom heiligen Georg,
der den schrecklichen Drachen tötet.

Strichel erschrak. Was musste Puh jetzt denken?
Strichel winkte Puh herbei.
Puh flog zum Fensterbrett und sah in den Raum.
Es dauerte eine Weile,
bis die Muster auf seiner Haut wieder glänzten
und er die Dinge im Raum erkannte.
›Wo ist das Geheimnis?‹, fragte er leise.
›Darf ich vorstellen‹, sagte Strichel.
›Ein Fräulein aus der Familie der Drachen.
Vor langer, langer Zeit ist sie dort draußen
über Urwälder und Meere geflogen.‹
Puh kam näher, sah und schwieg.

Draußen sah er …

Und er konnte sich gut vorstellen …

Wie ein Riese in eine Flasche passt

In einer Flasche kann für vieles Raum sein.

›Eine Flasche fehlt‹, sagte Strichel.
›Ein Flämmchen flackert darin.
Wenn du die Flasche öffnest,
dann erscheint der Geist.

Ich sage dann: Bringe uns einen  ,

damit  endlich gut schlafen kann.

Der Riese wird bald darauf mit einem 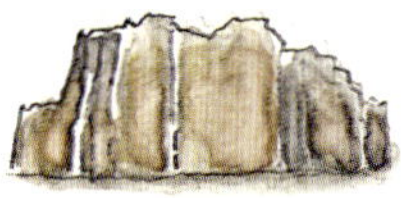

wiederkommen - so rau und grau wie im Felsenland.

Und unser  schläft in dieser Nacht

so gut und fest wie lange nicht.‹

›Die Geschichte mit der  kenne ich‹, sagte Tupf.

›Nur ist es nicht ein Riese, sondern der .‹

›Zum Teufel!‹, sagte Klexer.
›Wie ist der Riese überhaupt in die  gekommen?‹

›So wie zwei Bäume in einen Ball kommen.
Auf einmal sind sie eben drin‹, sagte Tupf.

Klexer verzog das Gesicht.
Tupf sah ihn an.

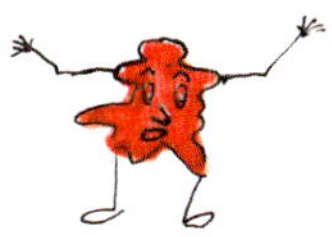 

›Hier ist ein kleiner stachliger Ball: 

Darin:  .

Aus so einer  kann wieder ein  werden.

Und jeder  trägt wieder .

Und in den  werden wieder  sein.‹

›Und an welchen  wachsen  ?‹, fragte .

›Das ist eben so‹, sagte .
›Ein himmelblauer Gedanke kann ja auch
in einem kleinen Rotkopf Raum haben.‹

Eine unendliche Geschichte

große Kastanien draußen

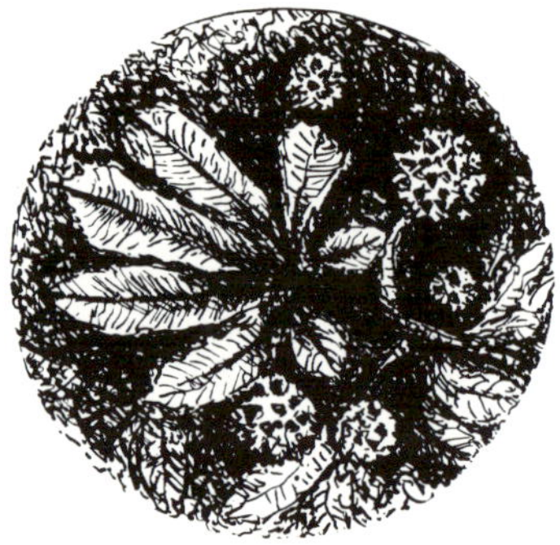

Kastanien in der Baumkrone

kleine Kastanie draußen

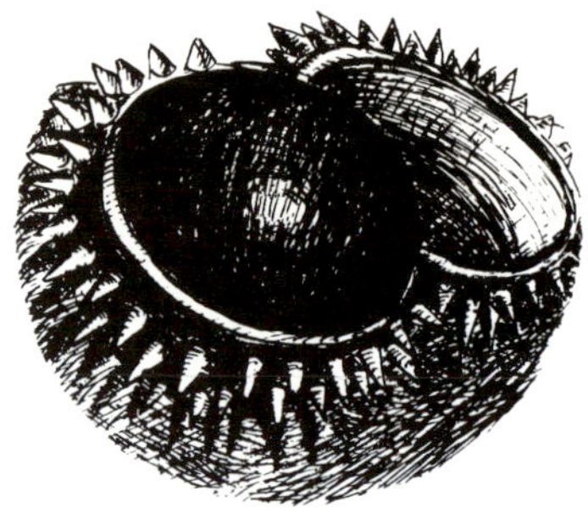

Kastanie drinnen

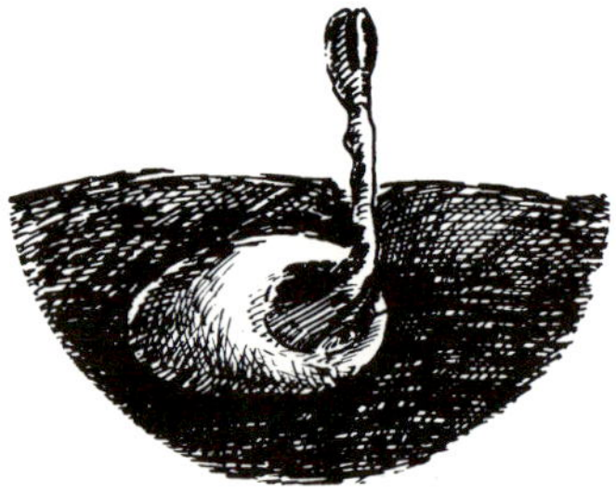

Kastanie in der Kastanie

Kastanien draußen

Spiel im Baumhaus

Als die Kinder ihr Baumhaus verlassen hatten,
flog der Drache Puh neugierig näher.
Er kuschelte sich in die Äste und sah in die Ferne.

Puh hatte lange zugesehen,
wie die Kinder in ihrem Baumhaus spielten.
Ein Junge hoch oben in der Baumkrone hatte gerufen:
›Ich sehe ein Schiff am Horizont.‹
›Einen Viermaster, Robinson?‹, hatte ein
Mädchen gerufen. Es war affenflink nach oben geklettert.
›Dann kommt Ephraim Langstrumpf endlich
wieder einmal nach Hause.‹

Wo man zu Hause sein kann

Der kleine Drache dachte an seine Höhle
im Felsengebirge. Sie war wie eine Glocke.

›Früher lebten auch Zweibeiner in Höhlen‹, sagte Tupf.
›Heute leben manche in Türmen und Schachteln,
die schon die Wolken kratzen.
Die ganze Welt ist eine Höhle,
so steht es in einem alten Buch.‹

Höhlen sind immer irgendwo drin:

in einem Berg

in einem Baum

in der Erde

In den Höhlen ist Raum für ein Nest.
Ein Nest gibt Wärme und Schutz.
Für den Maler Vincent van Gogh
waren die Nester der Tiere kleine Hütten,
und die Hütten der Menschen große Nester.

Meist bauen die Menschen ihre Hütten und Häuser auf der Erde.

Kral

Iglu

Zelt

Wohnhaus

Manchmal auch auf dem Wasser
oder über der Erde.

Pfahlbau

Baumhaus

In dem alten Buch steht auch:
In China lebten manche Herrscher
im Sommer auf den Bäumen und im
Winter in Höhlen.

Häuser erzählen

Wer bist du?
Die anderen sind in der Hütte.
Das Essen ist fertig.
Wirst du dann mit uns spielen?

Wer lebt hier?
Wer geht durch die Straßen?
Und wo spielen die Kinder?

Die Roßpforte in Tangermünde a.d. Elbe

← Der Holzschnitt von Ernst Metz (um 1973) erzählt, wie es am Tor einer Stadt vor vielen hundert Jahren zugegangen sein könnte.

Das Bild des Malers Marc Chagall erzählt vom ›Hotel zur Post‹, das irgendwo in Fantasien steht.

Das Kleine bleibt klein nicht …

Vor langer Zeit brach ein Felsen auseinander.
Aus einem Spalt sprudelt die Quelle.
Kristallklares Wasser sprang
über Steine bergab.

Andere Bächlein flossen ihm zu.
Der Bach wuchs.
Er wurde zum Fluss.

Als das Kind geboren wurde,
kam der große Regen.
Er füllte das ausgetrocknete Flussbett.

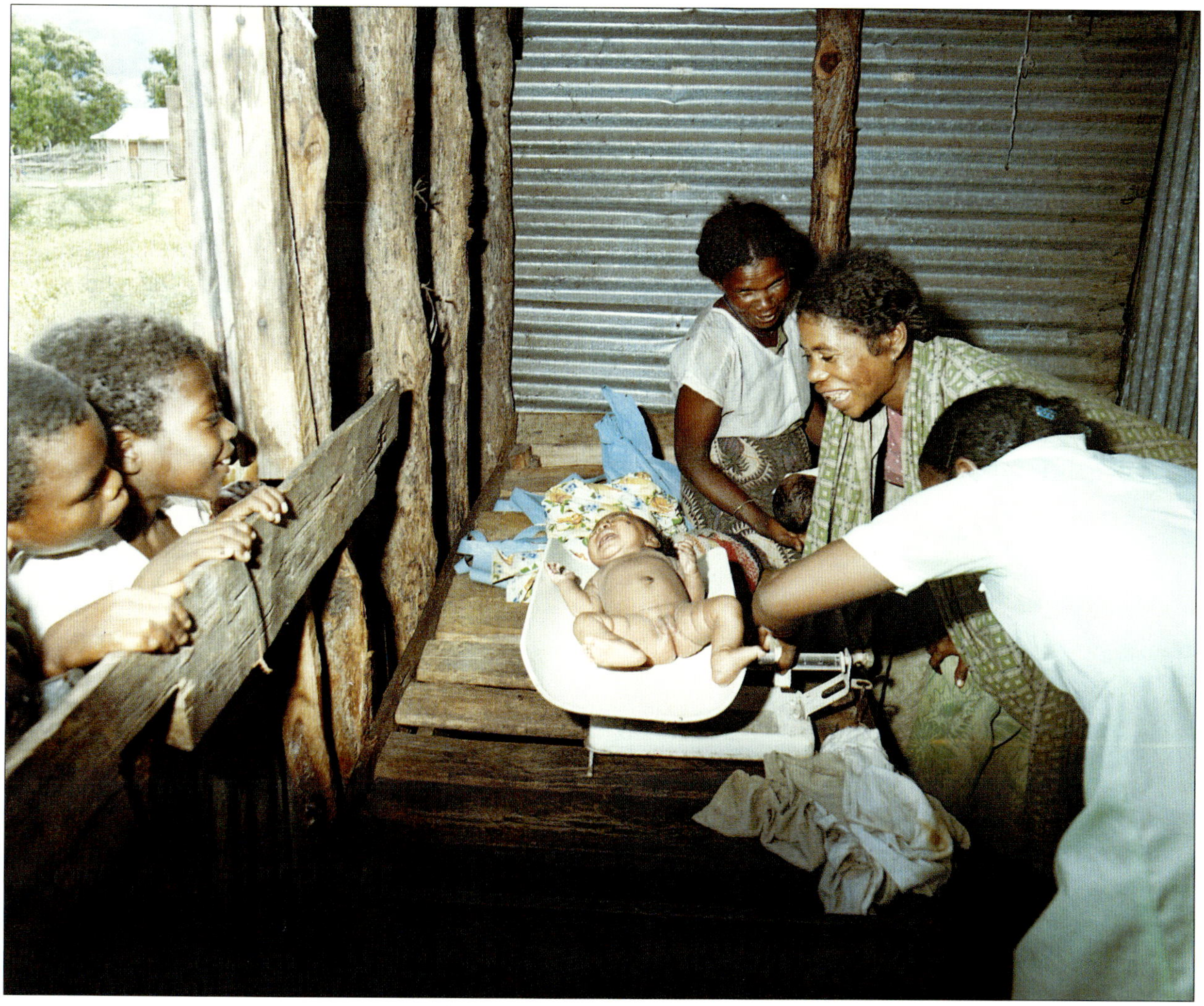

Wenn der große Regen wiederkommt,
spielt das Kind in den Pfützen.

Spuren lesen

In einem Frühjahr,
als der Schnee schmolz,
führte das Wasser
einen hellen Stein
abwärts.
Der kantige Stein
hatte lange im klaren Wasser gelegen.
Er hatte den blauen Himmel gesehen und
manchmal hatte ihn eine Silberforelle berührt.

Jetzt auf dem Grund des Flusses
sah er den Himmel nicht mehr.
Er wanderte langsam
stromabwärts ins Meer.
Wasser und Sand rieben die Kanten glatt.

An einem Sonnentag fanden Kinder
am Strand zwischen kleinen und großen Steinen
einen sehr hellen Stein, glatt und rund wie …

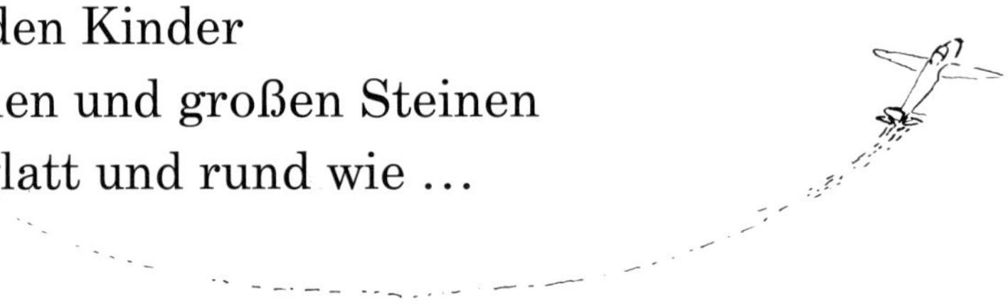

Auf dem Weg zum Strand
hatte Strichel Tierspuren entdeckt.
›Wer rennt denn so verrückt herum?‹ fragte Klexer.
›Feldmäuse‹, antwortete Strichel.
Mit seiner Lupe sah er aus wie ein Spurendetektiv:
›Das hier ist übrigens eine Hasenspur.
Jetzt könnt ihr auch mein erstes Spurenrätsel lösen.‹

Klexer sah durch die Lupe und brummte lässig:
›Ein Hase geht spazieren, trifft Wühlmäuse,
erschrickt furchtbar und saust davon.‹

Strichel zeigte noch ein anderes Rätsel.
›Wer steckt hier dahinter?

Es hat vier lange, schlanke Beine
und einen Namen mit drei Buchstaben.
Es trifft einen, den ihr gut kennt.
Der hat vier kurze Beine
und auch einen Namen mit drei Buchstaben.
Den letzten Buchstaben haben beide gemeinsam.‹

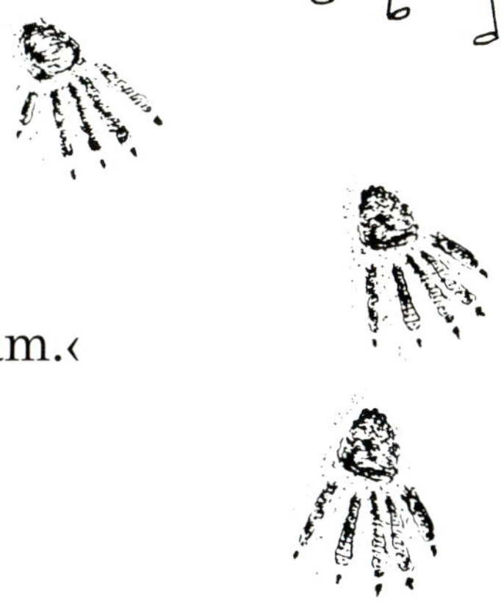

Wie Tupf und Strichel Muster machen

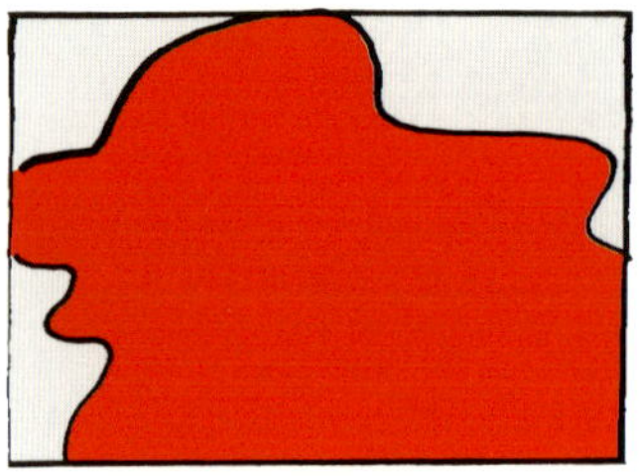

Klexer betrachtete sich im Spiegel.
›Überall nur Rot‹, brummte er.

›Der kleine Puh ist da viel besser dran.
Der hat wenigstens ein paar Muster
auf seinem Schuppenkleid.‹

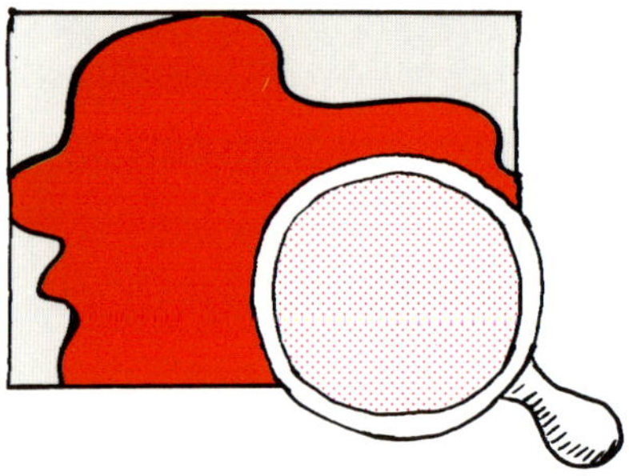

Tupf tröstete ihn.
›Auch du hast Muster.
Du musst nur zweimal hinsehen.‹

›Ich möchte aber Muster, die sofort jeder sieht.
Am liebsten Tupfen und Striche,
blaue Tupfen und gelbe Striche.‹

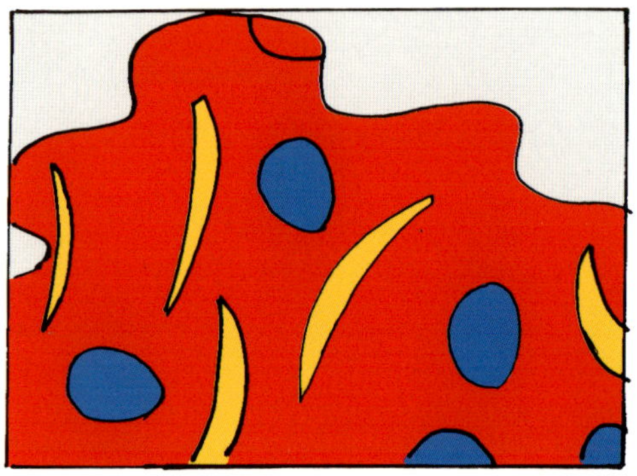

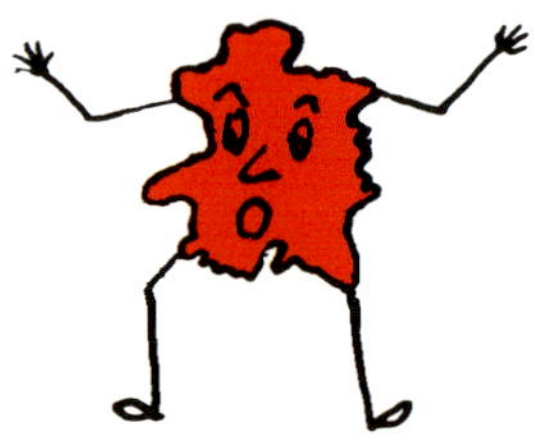

›Und was kriege ich?
Etwa Kleckse?‹
Tupf tröstete auch ihn:
›Es gibt ja noch andere Muster.‹

Er zeigte auf ein Brett.

›Ich sehe nichts‹, sagte Klexer ungeduldig.

Tupf lächelte. ›Du musst mit den Fingern sehen.
Soll ich dir Muster hervorholen?

Mit meinem Zauberstab ....‹

›... mit deinem Zauberstab? Etwa gar Zebrastreifen?‹

Wie ein Hexenmeister sah Tupf durch Klexer hindurch.

Dann legte Tupf ein dünnes Blatt Papier über das Brett.
Mit seinem Zauberstab rieb er über das weiße Papier,
langsam und vorsichtig:

›Zebra, Zebra erscheine!‹

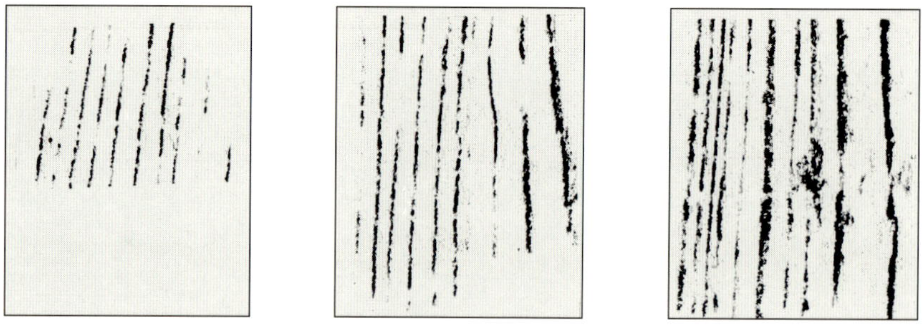

Tatsächlich. Adern durchzogen das Weiß.
Immer deutlicher und stärker.
Strichel war ganz aufgeregt.
›Ein richtiges Streifenmuster.‹

Er legte ein neues Blatt auf das Brett.

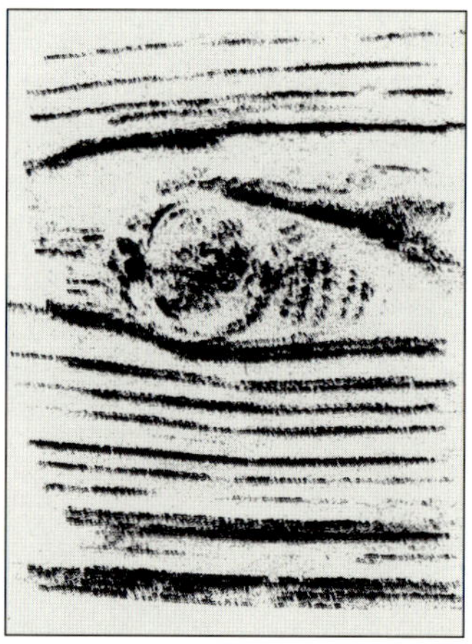

›Sieh nur, Klexer, es schaut.
Es hat ein Auge.‹

Klexer aber war verschwunden.

Klexers Werke II

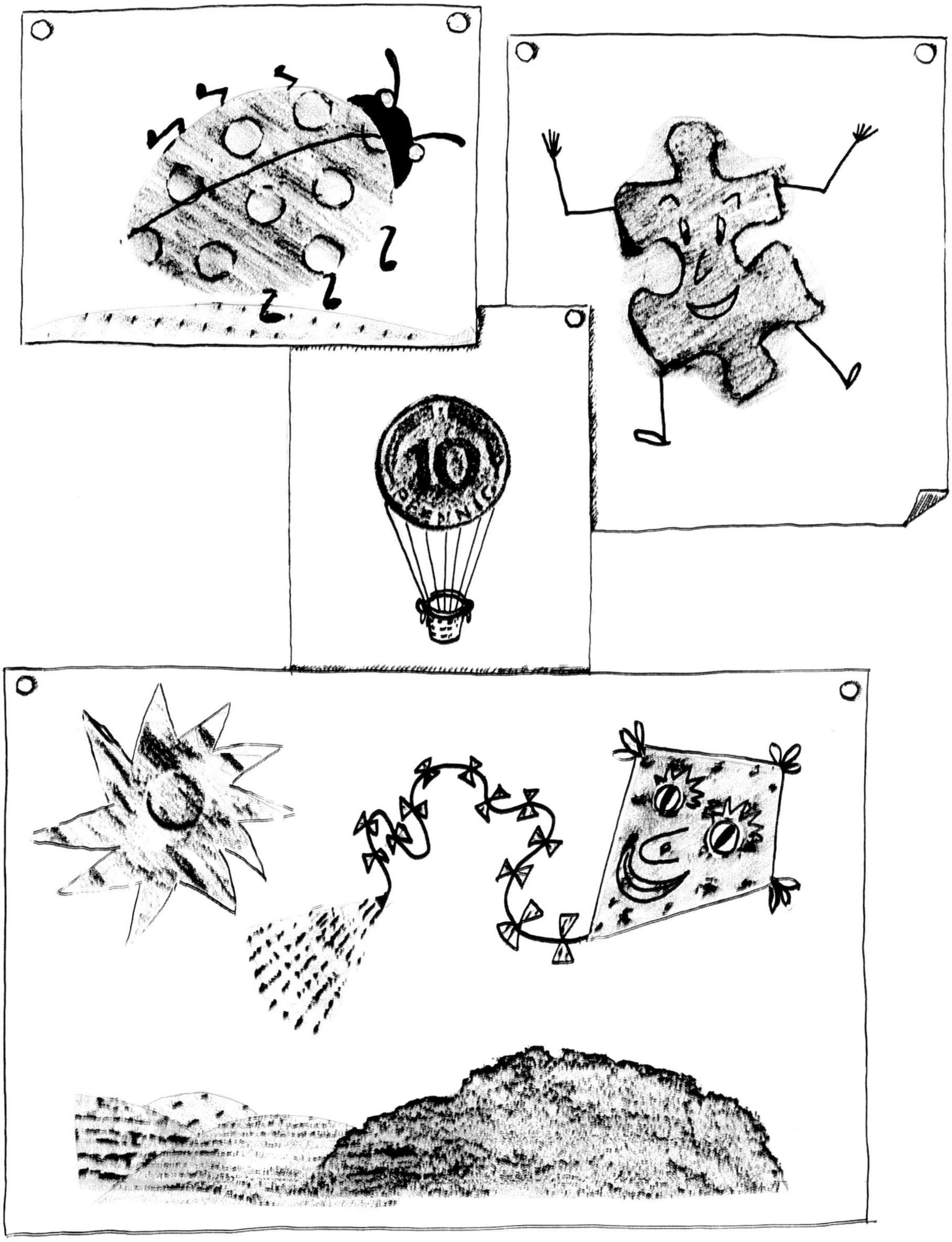

Was der kleine Drache mit seiner Steinliebe erreichte

Klexer schüttelte den Kopf,
bis rote Funken flogen.
›Was Puh nur an seinen Steinen gefressen hat?
Er redet sogar mit ihnen.‹

›Steine können viel erzählen‹, sagte Tupf.
›Sie haben ein Gedächtnis.‹

Klexer legte den Stein ans Ohr:
›Ich höre nichts, gar nichts …‹

›Du musst mit den Augen hören!‹,
erklärte Puh.

›Ich weiß!‹, erwiderte Klexer gereizt.
›Mit den Augen hören, mit den Fingern sehen.
Mein Köpfchen sagt mir jedenfalls:
Dieser Stein ist grau und rund wie ein Ei.‹

›Überall glatt. Fast weich‹,
sagte Strichel.

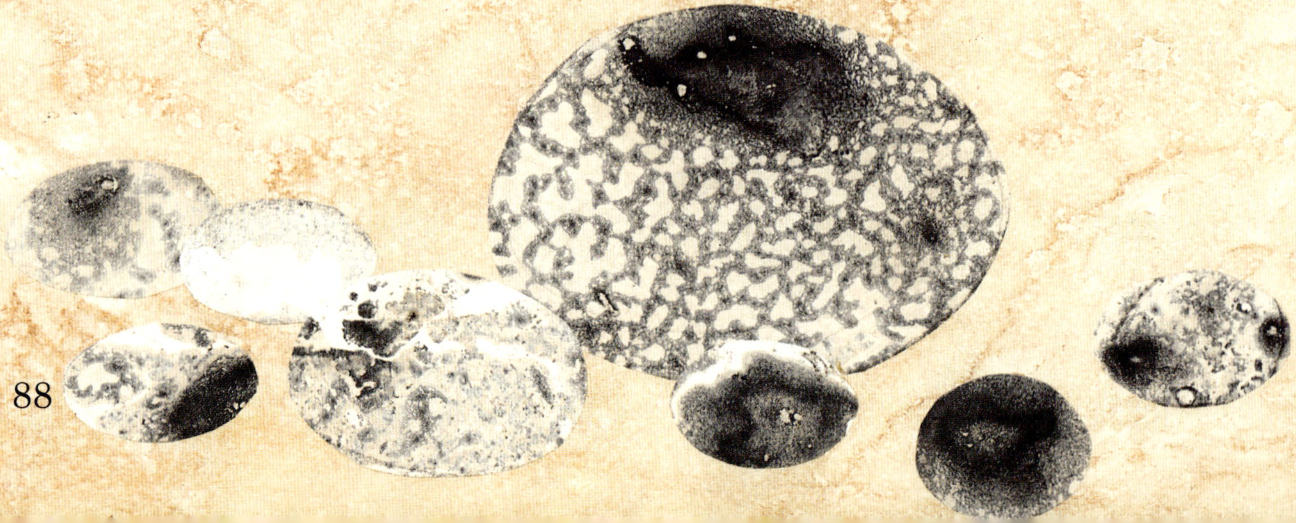

›Steinweich?‹, Klexer lachte.
›So ein Unsinn. Steinhart ist das Ding.
Aber schöne weiße Linien hat er.
Und das hier,
das sieht aus wie eine Muschel.‹

Strichel schwärmte:
›Ein wunderbares Muster.
Er muss sehr lange
im Meer gelegen haben.‹

›Ach was! Er hat lange
mit einer Muschel gelebt‹,
ereiferte sich Klexer.
›Das war so:
Die Muschel hatte sich mit ihm angefreundet.
Sie hat sich dann auf die schönste Seite
des Steins gesetzt und
ist nicht mehr weggeschwommen.‹

›Klexer spinnt wieder!‹, unterbrach ihn Strichel.

Klexer blieb ruhig.
›Es ist doch die Herzseite des Steins.
Du musst nur richtig hingucken.‹

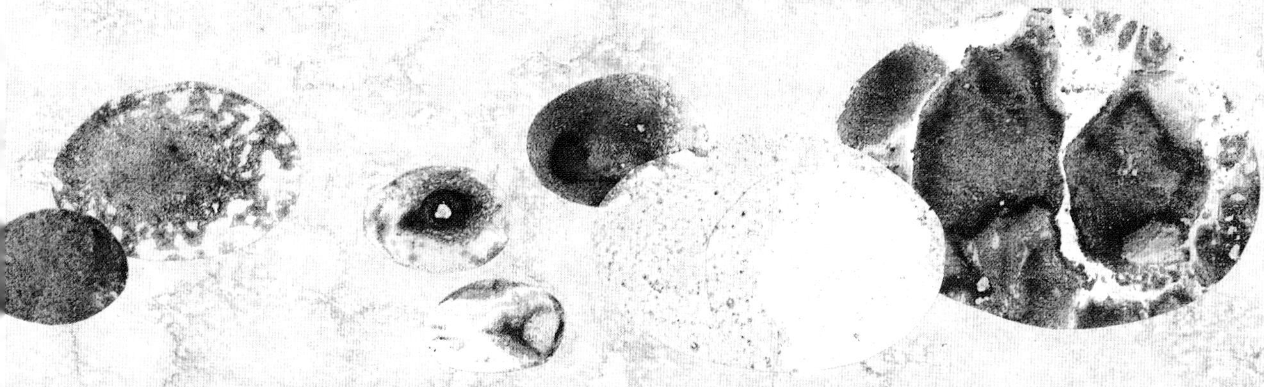

Steingeschichten erzählen

Vor Tausenden von Jahren
lebte am großen Nil
ein ziemlich böses Krokodil.
Es fraß in seiner Gier
des Zaubrers Lieblingstier.
Der zauberte das Krokodil ganz klein
und dann in diesen Stein hinein.

Das ist der Stein , der Klexer vom Herzen fiel.
Als er das weiße Kamel in der Wüste …

Es waren einmal ein kleiner blauer Vogel
und ein großer gelber Vogel …

Zu diesem Herzstein
gehört eine besonders schöne Geschichte …

Auch diese Tierfigur
hat ihre unendliche Geschichte:
Als die Flut Steine wandern ließ, begann es …

Freudenkreise, Wasserringe und ein Stein-Bild

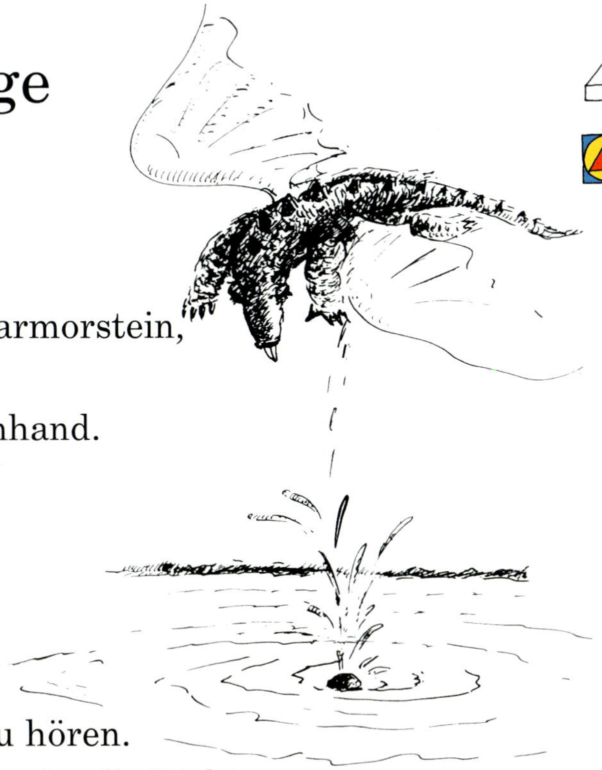

Puh zog Freudenkreise über dem Wasser.
Immer wieder betrachtete er im Flug den Marmorstein,
den er gefunden hatte.
Plötzlich glitt ihm der Stein aus der Drachenhand.

Er sah nur noch die Ringe,
die größer und größer wurden
und schließlich zerliefen.

Puh ärgerte sich laut. Sein Ärger war weit zu hören.
Wie von einem Sendeturm aus liefen die Töne in alle Richtungen.

Strichel sagte als erster : ›Puh braucht Hilfe.‹
Und er rannte los. Zum See.
Dort sah er Puh, der ins Wasser tauchte.
Wieder und wieder.
Den Marmorstein fanden sie nicht mehr,
sosehr sie auch suchten.
Dafür manches Merkwürdige:

Doch das war kein Trost für Puh.
Da zeigte ihm Strichel ein Stein-Bild.

Was Strichel, Klexer und Tupf im Stein-Bild sehen

Blumen in Stein

farbige Fenster

tanzende Laternen

Geheimschrift der
Außerirdischen

Testbild eines Fernsehers
in der Steinzeit

vieläugiger Steinkopf

träumende Sonnen

Himmelsstücke

Spuren von Meeresgetier

sie erzählen ...

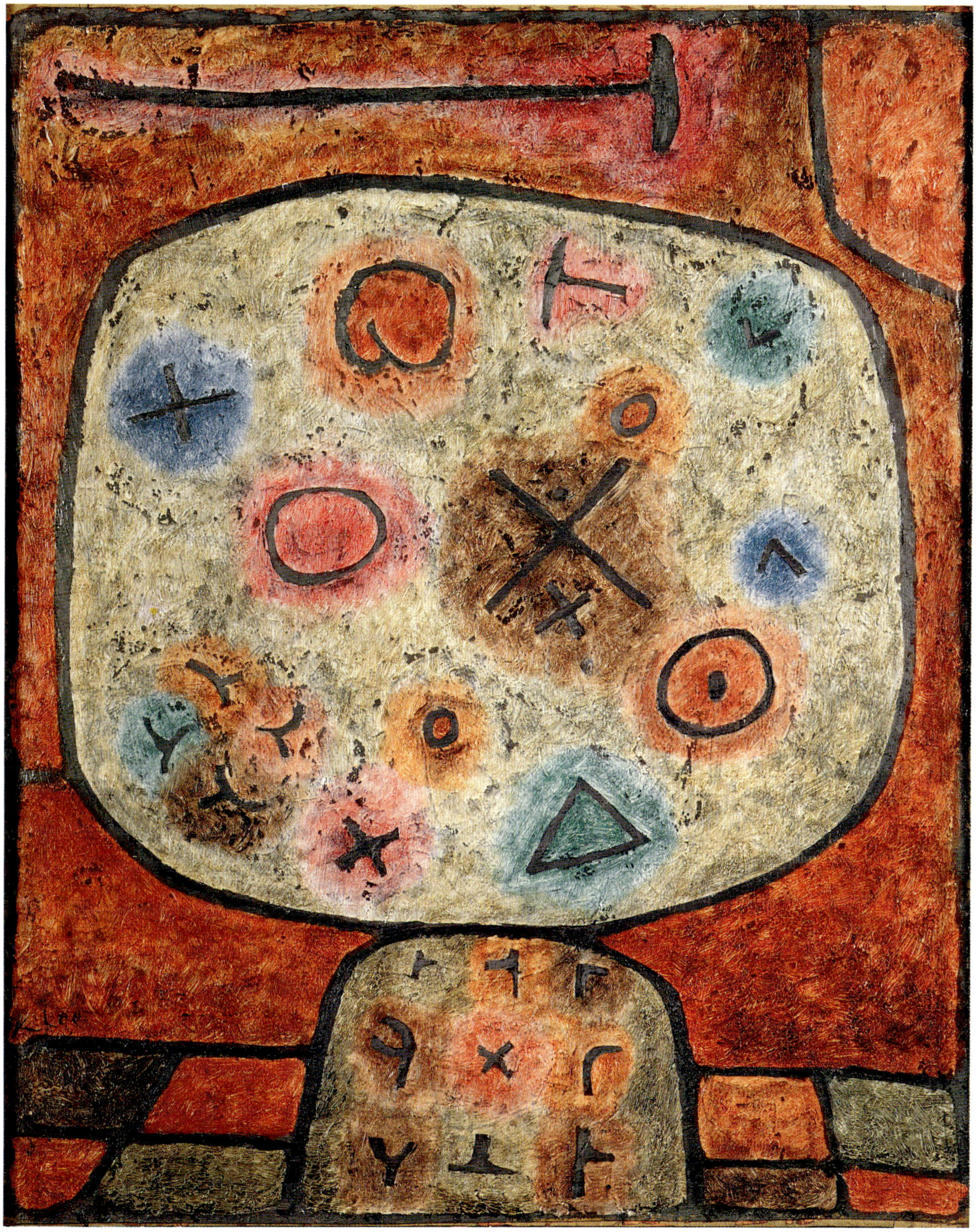

Paul Klee nannte sein Bild ›Blumen in Stein‹.

Wie Klexer, Tupf und Strichel Ordnung machen

Klexer ärgerte sich.
Er eilte durch die Gänge im Supermarkt
und suchte seine geliebte Cola:

›Eine komische Ordnung.
Warum stellt man nicht zusammen, was rot ist?‹

Tupf schüttelte den Kopf: ›Wo finde ich
dann die Äpfel?
Unter Grün, unter Gelb oder unter Rot?
Ich würde es anders ordnen. Alles zusammen,
was man für ein Mittagessen braucht:
Putenschnitzel, Kartoffeln, Pilze,
Salat und Vanillepudding.‹

Strichel lachte:
›Dann liegen überall Kartoffeln.
Besser ist es, nach dem Gewicht zu ordnen.
Das Schwere unten
und das Leichte oben.‹

›Zuerst das Glas mit Bohnen, dann die Cornflakes!‹
Klexers Gesicht wurde vor Freude noch röter:
›Also 500 g Salz unten
und 1 Pfund Watte oben?‹

Tupf schüttelte entrüstet den Bauchkopf:
›Manchmal ist die Verpackung fast so schwer
wie das, was drin ist.
Wir müssen erst die vielen Schachteln auspacken
und dann ordnen.‹

›Und die schönen langen Spagetti zerbrechen‹,
empörte sich Strichel.

Sie stritten weiter.
Doch jeder fand schließlich,
was er suchte.
Klexer seine Cola und sein Eis,
Strichel seine Limonade und
die schön verpackten, süßen Igel,
Tupf seinen Jogurt und
rote Radieschen in einer durchsichtigen Tüte.

Als sie gegessen und getrunken hatten,
sahen sie, wie viel
noch übrig geblieben war.

Viel und wenig

Viel Gebrumm - und wenig Gezwitscher.
Viel ...

Nah und fern

Puh flog über das Meer.
In der Ferne erblickte er eine kleine Insel.
Mit einem Leuchtturm.
Als er näher kam, sah er den Strand
mit vielen Menschen.

Etwas später stand er auf dem Boden der Insel.
Vor sich ein Felsengrab mit Schatten.
Dahinter ein Haus. In der Ferne das Meer.

Irgendwo hinter dem Meer war sein Felsenland.

Weit entfernt von dieser Insel
gab es andere Inseln.

An einem andern Strand
in einem andern Land
spielten auch Kinder.

Für sie war nahe,
was für andere Kinder fern war.

Doch alle waren sich ähnlich,
auch wenn sie anders aussahen.

Sie spielten und freuten sich.
Manchmal
waren sie auch weniger froh.

Gleich fern waren für alle
der Himmel, die Sonne und der Mond
und natürlich auch die Milchstraße
und der Abendstern.

Wasser ist kostbar.
Wasser ist schwer.

Wasser des Lebens Ein Spiel zum Weiterspielen

Die Bühne. Vielleicht eine Wiese mit Bach.
Wer könnte mitspielen?

Vielleicht jemand, der Puh heißt.
Vielleicht einer, der als Klexer bekannt ist.

Puh: Ich spiele den Wassergeist.

Klexer: Und ich den Menschen,
den Zweibeiner.

Puh,
der Wassergeist: Ich bin zornig. Ihr Menschen
habt Flüsse und Meere verschmutzt.
Werdet endlich klug!
Ich zeige euch die Quelle,
aus der das Wasser des Lebens kommt.
Sie fließt nur noch dünn.

Klexer,
der Zweibeiner: Rette uns, mächtiger Wassergeist!

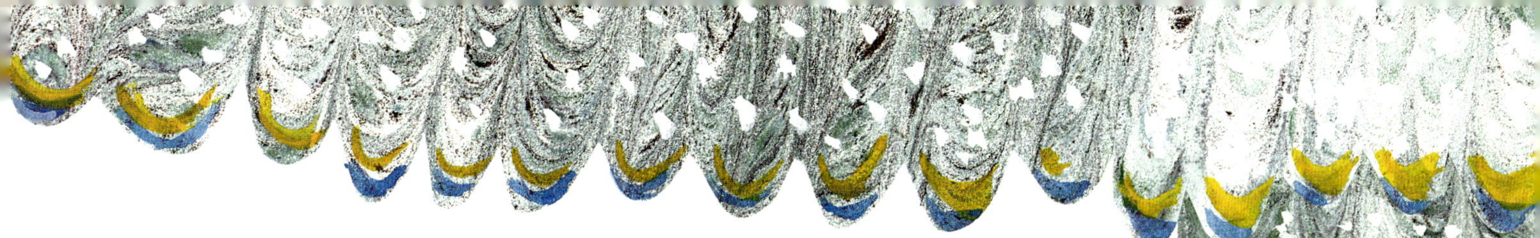

Puh,
der Wassergeist: Ich gebe euch einen Wunsch frei.
Ihr könnt euch wünschen,
was die Quelle euch geben soll.

Klexer,
der Zweibeiner: Alles, was wir wollen?

Puh,
der Wassergeist: Alles, aber ihr habt nur einen Wunsch.

Klexer,
der Zweibeiner: Aus der Quelle soll Geld fließen.

Puh,
der Wassergeist: Bedenkt es gut!

Klexer,
der Zweibeiner: Dann können wir uns alles kaufen,
was wir wollen.

Aus der Quelle kam kein Wasser mehr.
Dafür floss Geld.
Und die Menschen …

Einmal anders sein

Das ist Strichel,  der einmal Klexer sein wollte.

Das ist Tupf.  Er wollte unbedingt so aussehen wie der Himmelskönig.

Und Klexer.  Er will den Oberteufel spielen.

›So könnten wir zum Fasching gehen‹,
meinte Tupf.
›Das wird ein Spaß!‹ Klexer rieb
vor Freude seine roten Hörner:
›Meine Lachmaske werden alle bewundern.
Über Strichel wird man auch staunen.‹

›Und Puh?‹
›Puh kann so gehen wie er ist,
als Drache. Dann fragt jeder:
Wer steckt in dem Drachenkostüm?‹

›Soll ich nicht wenigstens
meine Drachenhände anmalen?‹,
fragte Puh.
›Dann bin ich ein Drachenzauberer.‹

›Und jetzt‹, rief Max,
›machen wir Krach!‹

›Und wenn ich keine Katze kriege,
bleibe ich, wie ich bin!‹, sagte Nicki.

Jeder sieht ›Himmelblau‹ anders

Tupf: Es ist mein liebstes Himmelsblau.
Ein weites, großes Blau.

Klexer: Mein Rot ist ganz groß da.
Bei dem Schaukeltier
und das Kopfrot bei dem Zangenfisch.

Strichel: Zangenfisch? Ich sehe einen Clown mit Hut
und vielen Zauberstäben.

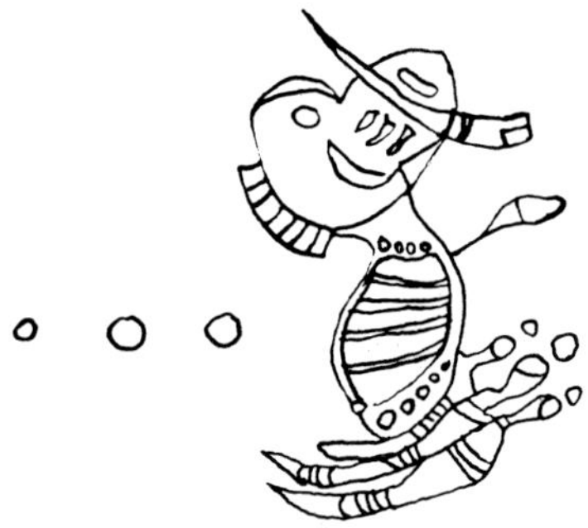

Klexer: Ein quirliges Kerlchen, das seine
Riesenknöpfe verloren hat.

Strichel: Schade, dass es sich bald auflöst.

Tupf: Aus den Schnipseln und Punkten
wird wieder etwas Neues.

Klexer: Vielleicht wieder ein rotes Schaukeltier.

Strichel: Ein buntes Seepferdchen.

Puh: Ich möchte hineinfliegen und nachschauen,
wie tief das Blau reicht
und wie groß der kleine Elefant in der Qualle ist …

Wassily Kandinsky malte dieses Bild im Jahre 1940. Er nannte es ›Himmelblau‹.

Wohin ist Puh verschwunden?

Strichel kam angerannt:
›Puh ist verschwunden.
Er ist himmelwärts geflogen.
Die Spuren verlieren sich plötzlich im Sand.‹

Klexer blieb ruhig:
›Er wird wieder Steine suchen.
Den Glücksstein,
den wollte er unbedingt finden.‹

Tupf wurde nachdenklich:
›Vielleicht ist er auf dem Flug
ins Felsenland. Er hatte Heimweh.
Gestern betrachtete er lange
seinen Lieblingsfelsen.‹

Klexer schüttelte den Kopf:
›Dann hätte er sich verabschiedet.
Auch wegen der Geschenke,
die ich ihm mitgeben wollte.‹

Strichel fiel ihm ängstlich ins Wort:
›Es muss was passiert sein …

Vielleicht ist er in Tupfs liebstes Blau
hineingeflogen und für alle Zeit verschwunden.‹

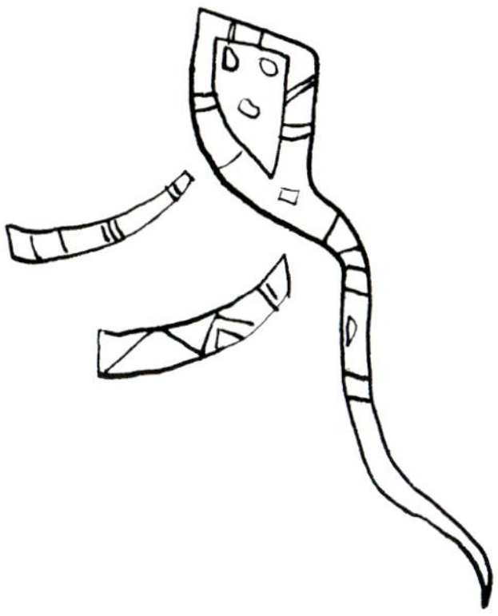

Klexer blieb ruhig:
›Dann sehen wir doch nach,
ob Drachenschnipsel dazugekommen sind.
Ein Regenbogenauge vielleicht …‹

›Seine Steine sind alle noch da‹,
sagte Strichel.
›Auch das Stein-Bild.
Er hat es gestern erst
neben das Felsenbild gehängt.‹

›Siehst du, er hatte Heimweh‹,
tröstete Tupf.
›Bestimmt gibt es noch andere Spuren,
vielleicht sogar in diesen Flug-Bildern.‹

Dann standen sie
vor einem großen Schneckenbild.

Auf einmal sagte Tupf:
›Das ist nicht bloß eine Schnecke.
Das ist ein Zeichen.‹

›Puh hat eine Glückshaut‹,
flüsterte Strichel erleichtert.
›Felsenland kann sich auf uns freuen‹,
fügte Klexer hinzu.

Am Entwurf dieses Buches haben fünf Kunsterzieher mitgewirkt: Dietmar Hann, Barbara Imme, Eva und Roland Mieth und Gisela Oertel.

Die Geschichtenschreiber und die Bildermacher danken ihnen. Und alle Kinder, denen das Buch gefällt.

Besonderer Dank für Kritik und Ermunterung gilt Gundel Mattenklott.

Dieses Buch wurde von der Stiftung Buchkunst Frankfurt a. M. im Wettbewerb 1992 als ›Eines der schönsten‹ ausgezeichnet.

Bildnachweis:

Reproduktionen:
S. 33: Giorgione, Das Gewitter, um 1507/08. Venedig. Gallerie dell'Accademia; Foto: Archiv für Kunst und Geschichte Berlin
S. 47: Francisco Goya, Präzise Torheit, Disparates 20, um 1820. © Staatliche Kunstsammlungen Dresden, Albertinum, Kupferstichkabinett; Foto: Herbert Boswank, Dresden
S. 53: Pablo Picasso, Paolo als Harlekin, 1924. Musée Picasso, Paris, © VG Bild-Kunst, Bonn, 1992; Foto: Archiv für Kunst und Geschichte Berlin
S. 58: Illustrator unbekannt; Kinder- und Hausmärchen der Brüder Grimm. Verlag von Priebatsch's Buchhandlung, Breslau 1919, Bremer Stadtmusikanten
S. 59: A. Archipowa, Bremer Stadtmusikanten, aus: Grimms Märchen, Verlag J. F. Schreiber, Esslingen, o. J.
S. 64: aus: Hans Daucher, Kinder denken in Bildern. Piper-Verlag München 1990, S. 47
S. 78: Ernst Christopher Metz, Stadttor zu Tangermünde um 1973.
Abdruck mit Genehmigung von Friedel Metz
S. 79: Marc Chagall, Hôtel de la Poste, 1926. Privatbesitz, © VG Bild-Kunst, Bonn, 1992
S. 93: Paul Klee, Blumen in Stein, 1939. Luzern, Galerie Rosengart; © VG Bild-Kunst, Bonn, 1992; Foto: Interfoto München
S. 107: Wassily Kandinsky, Himmelblau, 1940. Paris, Musée National d'Art Moderne, Centre Georges Pompidou; © VG Bild-Kunst, Bonn, 1992; Foto: Artothek Heinrichs, Preissenberg

Fotos:
S. 12: Heißluftballons, Foto: R. Sebastian + Helga Lade Fotoagentur GmbH
S. 13: Winterfeuerwerk, Superbild Eric Buch, Berlin
Thomas Billhardt, Kleinmachnow: S. 22, 23, 42, 43 (l.o., r.o., r.u.), 76, 77, 81, 97, 99 - 101
Holger Herschel, Berlin: S. 26, 27, 43 (l.u.), 80, 90, 105
Rudolf Wenzel, Bremen: S. 60
Horst Theuerkauf, Gotha: S. 72
Fotostudio Mager, Tinnum/Sylt: S. 98

1. Auflage
5 4 3 2 / 08 07 06 05

Alle Drucke dieser Auflage sind inhaltlich unverändert und können im Unterricht nebeneinander verwendet werden.

ISBN 3-06-170104-4

Bestellnummer 170104

Printed in Germany
Fotosatz und Bildbearbeitung: typos*satz* GmbH Berlin
Farbreproduktion: Peter Decker, Berlin
Druck und buchbinderische Verarbeitung: Westermann Druck Zwickau GmbH
Redaktion: Barbara Schütze